合规商务研究论丛
HEGUI SHANGWU YANJIU LUNCONG

本书出版受西北政法大学商学院学术研究专项资助

产权设计对农地利用绩效影响研究

Study of the Influence of Property Rights Design on the Performance Of Farmland Utilization

赵杭莉／著

中国财经出版传媒集团

经济科学出版社
Economic Science Press

图书在版编目（CIP）数据

产权设计对农地利用绩效影响研究/赵杭莉著．—北京：经济科学出版社，2018.4
ISBN 978-7-5141-9215-5

Ⅰ.①产…　Ⅱ.①赵…　Ⅲ.①产权制度-影响-农业用地-土地利用-研究-中国　Ⅳ.①F321.1

中国版本图书馆CIP数据核字（2018）第074485号

责任编辑：周胜婷
责任校对：隗立娜
责任印制：邱　天

产权设计对农地利用绩效影响研究
赵杭莉　著
经济科学出版社出版、发行　新华书店经销
社址：北京市海淀区阜成路甲28号　邮编：100142
总编部电话：010-88191217　发行部电话：010-88191522
网址：www.esp.com.cn
电子邮箱：esp@esp.com
天猫网店：经济科学出版社旗舰店
网址：http://jjkxcbs.tmall.com
固安华明印业有限公司印装
710×1000　16开　12.25印张　258000字
2018年4月第1版　2018年4月第1次印刷
ISBN 978-7-5141-9215-5　定价：52.00元
（图书出现印装问题，本社负责调换。电话：010-88191510）

前　言

改革开放以来，我国经济发展取得了举世瞩目的成绩。然而，在经济快速发展的过程中，却遇到了“三农”问题这一瓶颈。农以土为本，土地问题成为解决“三农”问题的根本。从诞生的那一刻起，国家就不断地利用农地产权制度引导着人们在一定的自然约束条件下对农地的利用产生着深刻的影响。以绩效作为衡量指标，在新制度经济学产权理论的基础上研究农地产权结构对农地利用效果的影响，对于提高农地利用的绩效，探索农地产权制度改革的方向具有重要的理论与现实意义。

基于理论研究的热点与实践需要，本书从农户层面入手，首先运用制度分析的方法，分析了农地产权对农户土地利用行为的影响；然后借助规范分析方法对农户利用土地的结果（农地利用绩效）进行定量评价，并以“行为”为基本途径，分析了农地产权对农地利用绩效的影响；接着用比较的方法分析了1949年以来随着我国农地产权结构的演变农地利用绩效的不同变化，并借助量化分析的方法，以陕西省为例对理论分析进行了实证检验；最后以可持续的农地利用绩效为目标提出我国农地产权制度改革的方向。研究的目的在于探究农地产权究竟是如何影响农地利用绩效的？就可持续利用目标而言，我国农地产权制度完善的方向究竟是什么？

通过理论分析与实证检验，本书主要获得以下四条结论：（1）不同性质的农地所有权安排会影响农户土地利用行为的动机与目标，进而影响农户土地利用行为地选择，而不同的选择会导致农地不同的利用绩效。若农地所有权归私人所有，则通过产权对农户的激励作用，能提高农地利用的经济绩效；当农地所有权归国家时，可以间接地通过农户的行为提高农地利用的社会与生态绩效；集体产权所有制是介于两者之间的产权组织形式，适合现阶段中国实际。(2) 农地使用权的主体应为农户，使用权权能界定越清晰、稳定性越高，越有利于农户对未来预期收益的确定，越有益于职能部门通过利益诱导农户合理利用农地，提高农地利用绩效特别是经济绩效。(3) 农地产权内部结构完整性、完全性越强，为农户合理利用农地行为提供的正向激励效应越大，农地利用绩效越高。(4) 1949～2009年陕西省农地利用绩效的变化与农地产权结构变迁路径的对应关系与理论分析基本相吻合。农民所有制阶段，农地利用的经济绩效达到最高值，社会绩效处于中等水平，生态绩效处于低水平；农地集体所有、集体经营阶段，农地利用经济绩效下滑。这一时期的经济绩效处于60年间绩效趋势线的凹部位，社会绩效水平不高，生态绩效不乐观；农地集体所有、农户经营阶段，农地利用经济绩效与社会绩效开始好转，并随着农地产权完整性、完全性的不断完善而持续提高。这一时期农户基于对经济绩效的追求，很少考虑农地生态效应，对农地利用生态绩效地提高主要依靠国家来进行。

在上述结论的基础上，从农地可持续利用的经济、社会与生态绩效出发，依据每种绩效相关产品的私人或公共属性，本书提出适应农地可持续利用的三层次农地产权理论模型。通过对现阶段我国农地产权结构与理论模型对比，提出了现阶段我国农地产权改革的建议：完善集体所有制的组织形式及管理体系，在恰当时机通过适当的方式将农地的所有主体身份确定为国家，以提高农地利用生态绩效；经济绩效类产权应该逐步取消对农户农地利用主体身份限制，完善现有法律，增强经济类产权完整性、完全性，促进农业经济的大力发展；社会绩效类产权方面应消除当前征地权主体多元化的弊端，确立发展权，以农户权利与利益保障作为政策制定的核心，提高农地利用社会绩效。

目　录

第1章　绪　　论

1.1　研究的意义

我国是一个农业大国，从古至今，农业一直是社会发展的基础。改革开放30多年来，我国经济发展取得了举世瞩目的成绩。据国际货币基金组织公布的数据：按国际汇率计算，2010年我国GDP的总量为5.75万亿美元，相当于美国当年GDP总量的39.3%，已经超过日本，排名世界第二。与此同时，伴随着工业化、城市化进程的加快，耕地面积不断减少、城乡收入差距过大、农业生态环境恶化等问题越来越成为我国社会经济发展中的突出问题，“三农”问题成为经济迅速发展的“瓶颈”，农业的持续发展问题已经成为影响我国工业化、城市化和现代化建设的根本问题。农以土为本，农地是农业生产的基本要素和农民生存的基本保障。因此，农地资源及其利用状况将会直接影响农业及社会的可持续发展。农地资源能否实现科学合理的利用，农地利用能否实现可持续发展对我国“三农”问题的解决及社会的可持续发展意义重大。

国家的诞生，使人们对农地的利用不再只受自然资源的约束，还要受到国家权力的干涉。国家基于一定的目的，利用农地产权制度①规定了人们在使用和处置农地时什么是可以做的，什么是不可以做的，从而通过产权的激励与约束，引导着人们对农地利用行为的

① 产权制度即规定人们占有、使用和处置农地时的行为规则。

选择。可见，从国家诞生那一刻起，农地产权就开始通过影响农户的土地利用行为对农地利用的结果产生着深刻的影响。

1949 年以来中国农地产权制度的四次重大变革表明，农地产权在不同主体间的安排及产权束中各权利之间关系的变化无不对农地利用绩效①产生重大的影响。始于 20 世纪 70 年代的以家庭承包责任制为主的农地产权结构，极大地调动了农民生产的积极性，促进了农地利用经济绩效的提高；2008 年党的十七届三中全会确定的“农村现有土地承包关系保持稳定并长久不变”的政策，对于我国农村家庭采用先进科技和生产手段，增加对土地的技术与资本等生产要素的投入起到了积极的促进作用。但随着社会经济的发展，现行农地产权制度的不合理因素逐渐显露出来，特别是农地利用生态绩效的降低，阻碍了农业的进一步发展。制度经济学主要研究制度变迁背景下人们是怎样做出相应决策及这些决策又是如何改变世界的[1]。借助制度经济学已有的研究成果，通过农户行为这一中间变量，研究不同产权结构下农地利用的绩效，从农地利用绩效这一结果出发寻找现行农地产权制度存在的弊端及其原因，探讨现阶段我国农地产权制度②变革的方向，引导农户合理利用农地，对政策的制定者而言具有重要的现实意义，对农地可持续利用及农业的持续发展也将具有重要的意义。

特定的农地利用行为是一定产权制度下“农户的理性”行为，农地利用绩效是这种行为的效果。研究将在新制度经济学产权理论的基础上，分析我国农地产权制度的变迁及其对农地利用绩效的影响，以探求提高农地利用绩效，有效解决我国“三农”问题的农地产权制度改革的方向，为今后农地制度改革实践提供理论借鉴和实践启示。

---

① 绩效常被认为是评价社会经济活动的结果与成效的有效指标，农地利用绩效指一定的产权制度下，农地利用的行为在经济、社会和生态方面综合效果。

② 研究中认为农地产权制度是农地产权结构外在的表现形式，而农地产权结构是农地产权制度的本质。

从理论上讲，产权经济学主要是以对稀缺资源配置影响为主题，研究产权及其结构对产权主体行为的影响。科斯定理是现代产权经济学关于产权安排与资源配置间关系的集中体现，在定理中，科斯认为即便在正交易费用前提下也应该用“帕累托最优”来评价资源配置的效率，这显然是科斯定理的一个缺陷，“帕累托最优”是正统经济学在交易费用为零的前提下通过逻辑推演出来的，在正交易费用前提下，并没有实际意义。资源配置的效率是指对稀缺资源的使用量与使用所带来的收益量之间的对比关系，其效率标准应该从现实中寻找[2]。而从农地利用行为结果的经济、生态、社会多重属性来看，用绩效指标来衡量其配置的效率可能更合理。绩效指标体系不仅可以囊括农地资源配置的多重效率内容，还可以显现多重效率之间的协调关系，全面地反映农地利用这一资源配置的实际效率。这种理论上的探讨将为现实中衡量农地资源配置的效率提供一种思路，对拓展产权安排与资源配置间关系研究具有一定理论意义。

1.2　国内外研究现状综述

农地是农业及社会经济发展的基础，在影响农地利用的众多因素中，农地产权是至关重要的因子[3]，对此国内外的学者从不同的角度对两者的关系进行了研究。

1.2.1　国外研究综述

在西方，古典经济学、新古典经济学、博弈论、新制度经济学都对这一问题进行了相关研究。古典经济学的代表人物约翰·穆勒（John Stuart Mill，1997）认为，如果农田使用者就是所有者或对土地享有永久的使用权，他将会改良土地，导致产出的提高，这实质上已经触及了土地产权制度对土地利用影响的分析[4]。新古典经济学代表人物阿弗里德·马歇尔（Alfred Marshall，2005）在他的理论中分析了租佃制对土地利用的影响[5]。博弈论的研究者哈丁（Hardin，1968）借助“纳什均衡”分析了土地产权制度对土地利用的影响，认为当土地为公共所有时，它承载的数量比从社会的角度看到的最优数量要大得多，说明土地资源被过度使用了[6]。新制度经济学的研究者思拉恩·埃格特森（2004）分析了短期内排他性资源与非排他性资源产权制度对土地利用的影响，认为“土地资源从非排他性产权改为排他性产权制度后，社会产出将增加，但社会福利却不一定增加。理由是前一种产权下，每个人都可以利用土地，而后一种产权下却只有产权主体可以使用”[7]。鲁宾·N. 卢博夫斯基（Ruben N. Lubowski，2007）利用计量经济模型研究了 1928 ~ 1977 年影响美国土地利用变化的因素后认为“相关市场发展的历史与联邦政府的农业政策是影响该阶段美国农地利用变化的主要因素”[8]。

杨小凯与威尔斯（1997）在研究人均真实收入、产权界定效率与分工程度关系时，计算出 1978 ~1987 年，中国农村产权制度改革通过改进资源分配效率对经济增长所做的贡献占总贡献的 52%，而通过改进组织效率对经济增长的贡献为总贡献的 48%[9]。李国和斯科特·罗泽尔（Guo Li & Scott Rozelle，1998）等在乡村调查的基础上，研究了自留地与责任田两种不同产权性质的土地上劳动力、化肥、有机肥投入与产出之间的关系。结果表明，中国的农地产权安排影响着农民的土地生产行为，当权利不同时，农户对农地的投入强度不同，产出也不同[10]。克鲁泽科普夫（KruseKopf，1999）在对农户调查的基础上考察了农地产权安排的区域差异及其与农业绩效的关系[11]。汉纳（Hanna，2000）等分析研究了中国农村土地使用权、政策调整与农地投资行为后认为“土地所有权或使用权的不确定性与农民对土地的投资负相关，会影响土地利用的质量产生负面效应”[12]。

1.2.2 国内研究现状分析

国内对农地利用的研究多集中于农地利用方式、方法对农地利用的影响，对决定人们选择农地利用方式、方法的重要因素农地产权制度对土地利用影响的研究并不太多。现有的成果主要集中于农地产权制度对农地利用重要性及两者关系两方面的研究。

经济学家林毅夫（1994）认为“农地的利用状况是人们经济行为结果，按照‘理性行为’的假设，决策者在面临几个可供选择的方案时，一般会选择一个他认为效用最大的方案，实际中人的行为是受资源、制度及技术状况约束的，要改变农地利用不佳的状况必须从改变限制农民选择范围的外部条件入手。”从而强调了农地产权制度对农地利用的重要性[13]；唐忠（1999）认为“在现代社会，对农地制度研究的中心不能只放在土地所有权的归属上，更重要的是要关注农地被怎样利用……产权之所以产生，主要是基于资源的稀缺性。产权的界定和分配极大地关系着资源的利用与保护。一个好的产权制度，能产生更好地利用与保护资源的激励，使产权主体从自身利益出发来考虑资源的有效配置”[14]。谢钊（2006）等论证了农地制度对农地利用的重要性，认为农地可持续利用的实质是制度问题，并分析了农地产权制度对农地可持续利用的影响[15]。

曲福田（2000）等认为“农地产权与土地利用特别是可持续利用之间关系紧密。一方面，它们共同形成的基础均为土地资源稀缺；另一方面，农地的产权会通过其特有的功能为土地利用提供法律保障、激励产权主体不断地提高土地生产率、约束产权主体的用地行为及优化农地资源的配置。农地产权对农地可持续利用的作用是积极的，能够促进农地可持续利用目标的实现”。于宗先（2004）等在《两岸农地利用比较》中提到“农地利用的两个基本问题是农地的所有权与农地利用问题，这两个问题相辅相成，农地的所有权必然会影响农地利用，而农地利用势必会涉及它的所有权，要想利用好农地，必须要通过健全农地制度明确农地利用的产权来实现”[16]。韦鸿（2007）在思拉恩·埃格特森分析的基础上对中长期土地产权制度对农地利用的影响进行了分析。他认为“从中长期看，比较于排他性的产权，非排他性产权下，人们对土地的投入要多，这意味着对土地利用强度的增强，最终会导致土地使用过度，可能会造成土地资源能力的丧失”[17]。胡亦琴（2008）分别从农地所有权、土地承包权、农地收益权三方面分析了现行农地产权制度对我国土地可持续利用的影响。认为我国农地“集体所有”的产权具有的不安全性减弱了产权外部性内部化的激励作用，背离了产权排他性原则，使集体的土地无法得到合理的利用与有效的保护；土地承包权的不完整性影响了农民的投资行为，易造成重用轻养的短期行为，影响农地质量及土地资源利用率的提高；农地收益权的“不完全性”会导致农民无法对地权形成长期稳定的收益预期，从而产生机会主义行为，缺乏保护土地意识，最终会导致农业生产条件的萎缩，生态环境恶化，进而约束耕地生产力的提高[18]。闵桂林（2008）同样认为“‘集体’产权限制了产权约束功能的发挥，不但不利于土地资源的保护反而会加剧农民对土地生态环境的破坏[19]。”苑莉（2010）在研究中建立了农地产权与农地利用的理论模型，认为应该从可持续利用的需求出发，建立多层次的产权制度[20]。上述学者的研究为分析农地的产权制度对农地利用绩效的影响提供了坚实的理论基础，但遗憾的是他们的研究多数仅限于理论分析，缺乏有力的实证检验。

近年来，有不少的学者在前人研究的基础上，尝试着对两者的关系进行了定性与定量结合的综合分析。林毅夫（1992）实证分析了家庭承包责任制对土地产出的影响[21]。姚洋（1998）从地权的稳定性、交易性、使用权三方面实证分析了农地产权制度与农业绩效之间的关系。显然，他所论证的这三方面基本可以代表一组完整的产权，但农业绩效基本只能说明产权制度对经济效益的影响，而不能全面反映农地利用的绩效[22]。廖洪乐（2003）等从农地调整、流转以及土地负担三个方面系统地研究了农地产权制度对土地利用效率的影响，认为农地调整的频率会降低土地的产出效率；土地的流转对土地产出效率影响不明显；而农民负担对土地利用效率的影响为负[23]。钟太洋（2005）等采用未加权、面积加权及农户收入加权等模型，定量地分析了政策性地权安排对土地利用变化的影响，结果表明不同的土地产权安排对农户土地利用行为有不同的影响[24]。叶涛（2007）以深圳经济特区为例采用工具变量法定量地研究了我国土地政策对土地利用效率和经济效益的影响，结果表明土地政策变化对土地利用效率与经济效益的影响是显著的[25]。

1.2.3　文献评述

上述国内外学者关于农地产权制度对农地利用影响的研究，为人们提供了一个考察两者关系特别是中国农地产权对农地利用影响的多维度视角，也为人们综合考察中国农地产权结构的演变对农地利用绩效的影响提供了理论借鉴。但上述研究的一个共性是将考察的落脚点放在农地利用的效益或效率上，即研究的是产权制度对农地利用效率或效益的影响；而且多数研究偏于农地产权某一权利如使用权或所有权对农地利用效率或效益的影响，缺乏系统的研究。

绩效最早在工业心理学实验室被用来测度人类认知加工的效果，20世纪90年代被诺斯（Douglass C. North）引入制度经济学中评价制度运行的状况。之后，产业经济学、组织行为学等不同的学科从各自的角度对经济政策绩效、企业经营绩效等进行了研究[26-30]。

随着绩效评价理论研究的深入，有学者将绩效概念引入土地利用研究领域。提出土地利用绩效的概念，并用它来评价土地利用的结果。不少学者致力于对土地利用绩效评价指标体系的研究，尽管这种研究还处于理论阶段，但不可否认与效益或效率相比较，土地利用绩效是一个外延更加宽泛、包含效率或效益在内的衡量土地利用效果的综合指标。

当前，对土地利用绩效的研究主要集中在单纯地探索恰当的评价体系方面，而没有其他延伸，包括与农地产权制度相联系，以农地利用绩效为切入点探究农地产权改革方向。农地产权制度改革的最终目的是提高资源配置的效率，而不是追求产权的明晰或完美，因此从农地利用绩效角度出发探究农地产权改革方向，无异于从源头上把握产权改革的方向。实际操作过程中还可以通过对绩效评价指标体系的设置，很容易地将农地利用的目标通过绩效管理渗透到农地利用的过程中；并且可以借助绩效障碍因子诊断，不断地修正这一过程，持续提高农地利用绩效，最终实现农地经济、生态与社会功能协调发展的利用目标。因此，尝试着以农地利用绩效为切入点系统地研究农地产权结构对农地利用的影响，探索农地产权制度改革的方向将更加符合客观事实。对于充分地利用产权制度的安排来解决我国“三农”问题，提高农地利用的综合效果具有重要的意义。

1.3 研究的目的与内容

1.3.1 研究的目的

农地资源的可持续发展是农业和社会持续发展的基础，农地的可持续利用是农地资源可持续发展的前提。作为一种界定农地产权、规范人们如何使用和处置农地行为规则的集合，农地产权制度对农地利用绩效起着决定性的作用，它规定了人们在使用和处置农地时能够干什么或者不能干什么，对人们的用地行为起着激励与约束的作用。它首先应该是为一定的农地利用目标服务的，它的任务应该是促进农地利用目标的实现。因此，在完善农地产权制度时，不能片面地从农地产权制度本身去研究农地产权，而应该立足于农地利用所要达到的绩效需要。要实现这一过程，首先要明确“如何评价农地利用的绩效?”其次要清楚“农地产权安排是如何影响农地利用绩效的?”再次要了解“现阶段农地利用目标绩效的需求是什么?”最后应该认识到“可持续利用的目标下如何完善我国现有的农地产权制度?”

研究正是基于对以上问题的回答进行的。本书将在前人研究的基础上系统地分析农地产权安排对农地利用绩效的影响。首先，在新制度经济学产权理论的基础上，基于产权对绩效的影响机制结合我国农地产权结构演变的史实，考察不同的所有权与使用权的安排以及产权内部不同权利间的组合对农地利用绩效的影响；其次，在理论分析的基础上，借助层次分析法与功效函数对理论假设进行经验检验；最后，结合农地利用可持续性目标对农地产权的需求，分析我国现行农地产权安排与这种需求的差距，并以此为基础提出基于农地可持续利用绩效目标实现的中国农地产权改革的方向。

1.3.2 研究的内容

本书的研究内容总体上分为三大部分。第一部分是理论分析，包括现代产权理论与绩效评价理论两个部分。第二部分是农地产权安排对农地利用绩效影响分析部分。该部分以1949年以来我国农地产权安排的演变为轴线，分别考察了农地的所有权在不同主体间安排、农地使用权的不同安排及农地产权内部不同结构三方面对农地利用绩效的影响；并以陕西省为例，对理论假设进行实证检验。第三部分是对我国现阶段农地产权制度改革方向的探索。首先结合农地可持续利用绩效目标对农地产权的安排进行需求分析，其次在需求分析的基础上探寻这种需求与现阶段我国农地产权安排的差距，最后提出现阶段我国农地产权制度改革的政策建议。

理论分析部分，本书首先在新制度经济学产权理论的基础上分析了产权与绩效的一般关系。在生产机制中，对财产的界定是限定交易界限的有效约束，产权就是对财产权利的界定，它自身具有排他、可分解及可交易的属性，而且这种属性能通过它的功能影响行为人的行为动机与目标，进而影响经济活动的绩效。对这一关系的分析为研究农地产权对农地利用绩效的影响机制提供了理论基础。

产权对绩效影响的理论分析之后，接下来需要借助绩效评价理论来考察农地利用绩效的内容。所谓农地利用绩效是指人们对农地资源的一种制度安排，是由于农地资源的不同配置和利用方式、不同利用程度而产生的利用效率、效果与效益等的综合体现，是农地资源配置是否最合理有效、利用是否最佳与最充分、是否获得最高综合效益的体现，最终体现在农地利用的经济、生态与社会目标的实现程度上。因此，对农地利用绩效评价指标的设置也应从这三方面来考虑。比较于学术界多从农地利用的经济效益或效率来评价农地利用结果的分析范式，这种分析更具有全面性。

农地产权安排对农地利用绩效影响分析部分，首先对 1949 年以来我国农地产权结构的演变做了简要的回顾，并比较了不同所有权与使用权阶段农地利用绩效，以期为后面的分析提供史实支撑。纵观我国农地产权结构的演变历史，不难发现，随着农地产权结构的演变，农地利用绩效也会呈现有规律的波动。在考察我国农地产权制度演变史实的基础上，依据产权的基本理论与我国农地产权变迁的特征，分别从农地所有权、使用权的不同安排及农地产权内部不同结构三方面分析了农地产权对农地利用绩效影响。最后在理论分析的前提下，借助于个案分析，利用陕西省的相关数据对上述理论分析进行了实证检验。

最后一部分是对现阶段我国农地产权制度改革方向的探索。首先结合农地可持续利用的目标，分析了可持续利用的绩效目标对农地产权属性的需求。这些需求包括生态、社会绩效类产权主体对国家或公共部门等能提供公共产品的主体身份的需求，各权利对显著的排他性、完整性与完全性的需求；经济绩效类产权主体对农地直接利用者农户身份的需求，各权利项对明显的排他性、完整性、完全性与可转让性的需求。在需求分析的基础上提出了一个三层次的可持续利用农地产权结构理论模型，并将农地可持续利用绩效对农地产权属性要求与现阶段我国农地产权结构安排进行比较，以探究我国基于农地可持续利用目标的农地产权制度改革的方向。

1.4　研究方法与本书框架

1.4.1　研究的主要分析方法

（1）制度分析方法。制度分析的方法是指从制度结构出发来分析人类行为的一种方法，认为个人的偏好和目的受制于制度，特别是产权制度。[31]本书主要通过制度分析法分析了农地产权制度是如何影响农地利用微观主体行为进而影响农地利用绩效的。

（2）比较分析方法。研究中主要通过对1949年后我国农地产权结构演变不同阶段农地利用绩效的比较，来表明不同的农地产权结构对农地利用绩效的影响，因此比较分析法也是研究的主要方法之一。

（3）实证分析方法。研究通过对“农地产权在不同主体间安排、不同属性及不同内部结构下农地利用绩效变化特征”的分析，从理论上探索了农地产权结构对农地利用绩效变化的影响。并以陕西省为个案运用量化分析的方法对理论假设进行了实证检验。

（4）规范分析方法。研究中一个重要的变量是农地利用的绩效，它是评价某种农地利用行为所产生的利用效果的指标，是农地利用目标的量化表现。对此不同的人有不同的判断标准，研究以辩证唯物主义和历史唯物主义为价值判断的标准，规范地分析了农地利用绩效。

书中涉及的一些具体的技术方法为：“关键绩效指标法”“多指标综合分析法”“层次分析法”“功效函数法”等；所涉及的决策模型主要是“线性规划模型与层次分析模型”。

1.4.2　本书的框架

本书的框架见图1－1。

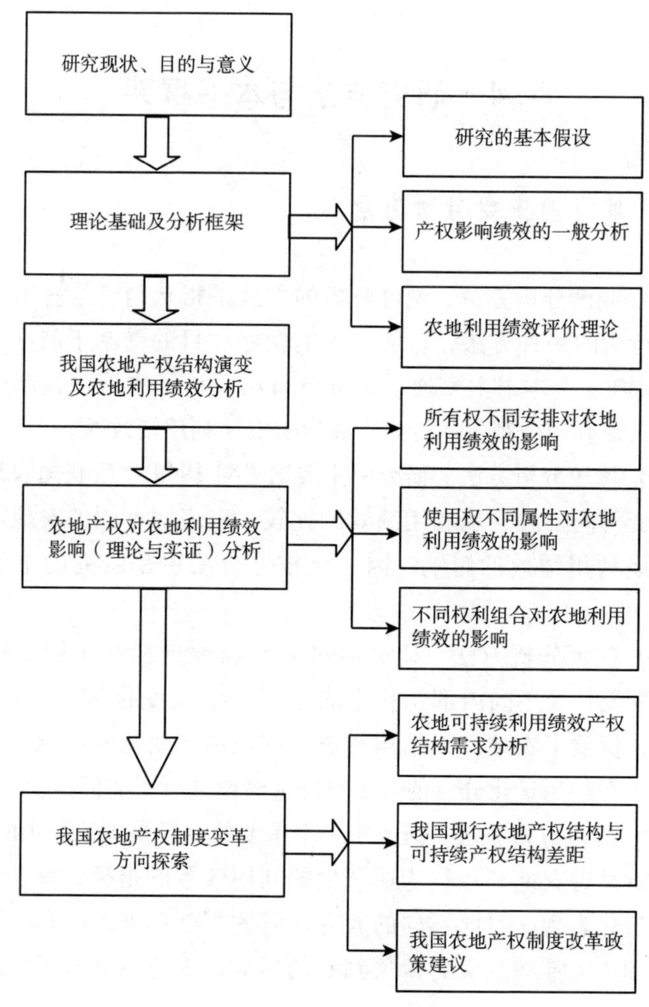

图1－1　本书的框架

1.5　研究的重点、难点和创新

1.5.1　研究的重点与难点

本书主要是通过分析农地产权对农地利用绩效的影响，来探寻中国农地产权制度改革的方向。因此研究的重点为：如何评价农地利用绩效？农地产权是如何影响农地利用绩效的？

研究的难点：第一，绩效评价时评价指标的确定，特别是生态与社会指标的确定。指标选取得是否合理，在一定程度上会影响本书研究的结论。本书将在前人研究的基础上，从农地可持续利用经济、生态、社会绩效的概念出发，结合可操作性等原则，力求合理、全面地反映农地利用综合绩效。第二，农地利用绩效评价时各指标权数的确定。对此，本书主要通过定性与定量相结合的层次分析法在实际调研的基础上确定。第三，理论研究中“检验产权制度变迁对农地利用所产生影响的实证分析”并不太多，主要的一个原因是缺乏合理的验证工具，现有的实证研究也多多少少有这样那样的缺陷[32]。本书抱着尝试的态度，在前人研究的基础上采用层次分析法，描述性统计图对理论假设进行验证分析。尽管在一定程度上验证了理论假设，但作为一种验证制度变迁影响的工具，其完备性还有待进一步提高。

1.5.2　可能的创新

比较于以往的相关研究，本书可能的创新主要表现在以下五方面：

(1) 研究视角的创新。新制度经济学以“产权安排与资源配置效率之间的关系”作为研究的对象，认为效率是产权制度变迁的动力[33]。因此，多数学者在探讨我国农地产权制度变迁方向时，均以效率或经济绩效作为评判标准。本书在可持续发展理论的基础上，结合农地资源本身的特性提出以农地利用绩效为标准来评判农地产权制度变迁方向的观点，与效率和效益相比较，农地利用绩效更能客观全面地反映农地利用行为的效果，因此更能客观地评价农地产权安排对农地资源配置效率的影响。

(2) 提出了可能的新观点。农地产权会通过农户行为影响农地利用绩效，不同的产权安排会导致不同的农地利用绩效。具体表现在以下三方面：第一，“当农地所有权主体为国家时利于农地生态与社会绩效的提高，若农地所有权主体为私人个体，则有助于经济绩效提高”；第二，“农地的使用权主体应该为农户，使用权权能界定越清晰、稳定性越高，农地利用绩效综合值越高”；第三，“农地产权内部结构完整性、完全性越强，为农户合理利用农地行为提供的正向激励效应越大，农地利用绩效越高。”

（3）提出了陕西省农地利用绩效评价指标体系。本书依据农地利用结果属性的多重性，以可持续利用为基础，从经济、生态与社会三方面入手，结合陕西省农地资源自然禀赋的特征，从理论上构建了一个评价陕西省农地利用绩效的指标体系。通过该体系评价了1949~2009年陕西省农地利用的绩效，并分析了其与农地产权变革的关系。

（4）提出了三层次农地产权理论模型。在对产权理论与可持续理论分析的基础上，本书从农地可持续利用的经济、社会与生态绩效出发，依据每种绩效相关产品的私人或公共属性，提出适应农地可持续利用的三层次产权理论模型。该模型反映了可持续利用绩效对相应产权主体身份、排他性、完整性及完全性等属性的需求。

（5）研究探索了基于农地可持续利用目标实现的我国农地产权改革的方向与具体措施。在三层次农地产权理论模型的基础上，通过分析我国现有产权结构与理论模型在主体身份、排他性、完整性与完全性等方面的差距，有针对性地提出：“现阶段我国应该完善集体所有制的组织形式及管理体系，在适当时机通过适当的方式将农地的所有权主体身份确定为国家，以提高农地利用生态绩效；我们应该逐步取消对农户农地利用主体身份的限制，完善现有法律，增强经济绩效类产权完整性与完全性，促进农业经济的大力发展；在社会绩效类产权方面应消除当前征地权主体多元化的弊端，确立发展权，以农户权利与利益保障作为政策制定的核心，提高农地利用社会绩效。”

第2章　理论基础与研究框架

任何新的研究都是在前人研究的基础上，踩着“巨人”的肩膀进行的，这是人类加深对事物、现象认识的必然规律。本章将对研究所涉及的基本概念与基础理论进行梳理，并在此基础上构建出研究的框架。具体分析如下：首先，对涉及的农地与产权等核心概念进行界定，以明确研究的范围与界限；其次，在经济学相关假设前提下，提出论文研究的主线：产权—行为—绩效之间的关系；再其次，梳理出农地利用绩效评价研究动态；最后，在上述分析的基础上构建出本书研究的框架。

2.1　相关概念的界定

准确的概念界定是任何研究的基础，对关键概念的清晰理解有助于把握研究的内涵与外延。因此有必要对研究所涉及的核心概念做出界定。

2.1.1　农地与农地利用绩效

（1）农地。

农地是一种简称。我国现有的法律法规及文献对它的理解主要有两种：一种是农用地的简称。《中华人民共和国土地管理法》和2004年颁布的《全国土地城乡统一分类的土地利用分类系统》将农用地界定为直接用于农业生产的土地，包括耕地、林地、草地等土地。另一种理解为农村土地。《中华人民共和国农村土地承包法》将农村土地界定为农民集体所有与国家所有，但依法由农民集体使用的耕地、林地、草地以及其他依法用于农业的土地。

因此，无论是农村的土地还是农业用地都可以简称为农地。在农村土地中，除了农业用地外，还包括非农建设用地和未利用地等。由于我国的法律法规中对农业用地、非农建设用地和未利用地的产权规定存在一定差异，因此为了避免研究主题的混乱，本书将“农地”界定为广义的直接用于农业生产的土地，包括耕地、园地、林地、牧草地和其他农用地。其中，耕地主要指种植农作物的土地；园地主要指种植以采集果、叶、根茎等为主的集约经营多年生木本和草本作物，覆盖度在0.5以上的土地；林地主要指生长乔木、竹类、灌木、沿海红树林等林木的土地；牧草地主要指生长草本植物为主，用于畜牧的土地；其他农用地主要指上述耕地、园地、林地、牧草地以外的农用地[34]。狭义的农用地一般仅指耕地。

作为一种自然资源，农地有着独有的特性。首先，它的生产力是一种可以再生资源，只要利用合理，其生产力不仅不会下降，还会增强，人类几千年历史已经证明了这一点。其次，某些具有公共财产性质的农地资源，如某些水域、草地等由于无法清晰界定产权，容易被过度利用与枯竭。最后，由于农业的比较利益低于非农产业，而农地的用途又具有多样性，因此农地易于被转化为非农用地。农地的这些特性使得对农地资源的利用不同于其他资源[35]。

（2）农地利用绩效。

鉴于研究中将农地界定为农业用地，因此农地利用是指对农业用地的利用。它是人类通过特定的行为，以土地作为劳动对象或手段，利用土地的特性获取生物体，满足自身需要的经济活动过程。这一过程是人类与土地资源进行物质、能量与信息交流及转换的过程[17]，其结果具有经济、生态与社会多重价值。

作为基本的农业生产资料，农地不仅为农业生产提供了空间场所，更重要的是它还能为农作物生长提供必需的光能、肥、热、气与水五大生存要素，通过生物转化，最终为人类提供各种食物。因此，长期以来由农地生产功能所衍生的经济价值一直成为人们关注的重点。随着社会的发展及生活水平的提高，农地所具有的改善生态环境、提供休闲、美化景观的生态价值逐渐成为人们的另一种追求。农地是生产粮食必不可少的投入要素，同时还是绝大多数农民主要的生活保障，这些均体现了农地的社会价值。由于长期以来人们主要是获取农地利用的经济价值，因此，对农地利用效果的评价主要集中于经济效益或效率的评价。

绩效（performance）一词源于对人类认知加工效果的测度，后被用来指社会经济活动的结果与成效（Landy F. J.，1980）[36]。在不同的研究领域中被用来作为对行为结果的一种评价[37-38,26,28-30]。在土地利用研究中，它最早被等同于效率或效益来评价土地利用的结果。例如，陈志刚（2005）在研究农地产权结构与农业绩效时，多次提到农地利用的绩效，并将其等同于农业绩效，用农业的产出效率来衡量；邹伟（2009）在分析农业税费结构对农地利用绩效影响时，以单位面积粮食产出来衡量农地利用绩效，这些本质上都是对农地利用经济绩效的评价。

随着时代的发展及研究的深入，人们开始意识到这种绩效的内涵过于狭窄，难以全面地衡量农地利用的结果，尤其是近些年由于农地的不合理利用引起的生态和社会问题，使人们在选择农地利用方式时，除了经济效益和效率外不得不考虑其他方面。因此，农地利用绩效的内涵应该包括人们对其利用的各方面满意指数，这才是农地利用绩效的全部含义。陈士银（2009）在其相关研究中认为，土地利用是人类根据既定的社会、经济目的，采用一定的生物与技术手段对土地资源进行长期性或周期性的开发利用、改造与保护等经营活动，其本质是人们为了生存、生活与发展，根据土地资源的自然特性，在一定范围对其进行的某种制度安排，其结果是土地资源配置结构、利用方式、利用程度、利用效率、利用效益及其影响的综合体现。绩效是人们对农地资源的一种制度安排，是由于农地资源的不同配置和利用方式、不同利用程度而产生的利用效率、效果与效益等的综合体现，是农地资源配置是否最合理有效、利用是否最佳与最充分、是否获得最高综合效益的体现[39]。这一界定为理论界多数学者所认可[40-44]。本书借鉴陈士银对农地利用绩效的界定，并在此基础上认为农地利用的绩效最终体现在经济、生态、社会三方面，是这三方面的综合表现，对绩效的评价应该从这三方面进行。

无独有偶，“以探究合理利用农地，满足当代人与后代人对农地生产力需求”为研究内容的土地可持续利用理论提出后，国内外学者就“如何评价土地是可持续利用的?”这一问题做了大量的探索[45-50]。多数的评价体系是以联合国粮农组织（FAO）1993 年提出的《可持续土地利用管理评价大纲》（FESLM）为基本框架，从经济、社会与生态协调统一的基础出发来设定的。该大纲认为，要保证农地的可持续利用，就要保证农地生产力在时间和空间上的延续性、生产的稳定性和完全性、社会的公平性和可接受性、经济的可行性与保护环境资源潜力的持续性。

土地的可持续利用是土地合理利用的判断标准与前提，是当前与未来一段时期人类追求的一种土地利用方式。因此对农地可持续性利用的评价结果就成为衡量农地利用绩效的理想标准。于是有学者将绩效评价理论引入土地可持续利用评价，将土地利用的可持续性内涵融入绩效评价指标，来衡量土地利用目标实现的程度或土地利用的效果[48]。

2.1.2 产权与农地产权结构

（1）产权。

“产权”（property rights）是产权经济学的核心概念。产生于 20 世纪 30 年代的现代产权理论源自科斯等对正统微观经济学和标准福利经济学理论存在缺陷的思考和批判。该理论以交易成本作为分析的基础，以科斯定理为基本原则。科斯的产权是指经济当事人拥有的权利[51]。德姆塞茨认为，所谓的产权是一种社会工具，其重要性就在于它可以帮助一个人形成他与其他人进行交易时的合理预期。这些预期会通过社会的法律、习俗和道德得到表达。产权的所有者拥有他的同时同意他以某种方式行事的权利。阿尔钦指出，产权是一个社会强制实施的选择一种经济品使用的权利。诺斯认为从本质上看产权是一种排他性的权利[52]。菲吕博腾和配杰威齐的定义被认为较全面，他们指出，产权是一组经济和社会权利，是由于物的存在与使用而引起的人与人之间的一些被认可的行为性关系，而不是人与物之间的关系。产权制度可以被描述为界定每个在稀缺资源利用方面的地位的一组经济和社会关系[53-54]。

国内部分学者对产权则有不同的理解。于光远认为产权就是所有权，是主体因拥有作为财产的某一客体而得到的法律地承认与保护[55]。实际上产权与所有权是不同的两个概念。从西方产权理论的文献看，所有权（ownership）在出现时，均为单数，而产权（propertyrights）则表示为复数，这说明产权是一组权利，而所有权则强调的是客体归属这一单一的关系[56]。因此，也有部分国内学者认为产权指一组权利，包括财产的所有权、实际占有权、使用权、受益权和处置权，而所有权是最本质意义上的产权，其他的财产权利均由它派生而来[57]。

尽管不同的学者对产权有不同的界定，但总的来看，他们基本在以下方面达成了共识：首先，产权是一种“权利束”，它可以分解为所有权、使用权、经营权、收益权、转让权等多种权利，并在一定的社会发展时期统一呈现某种结构状态。其次，产权反映的是人和人之间的关系。产权源于社会经济生活对人的权利和责任的规范，它明确了人们能做什么、不能做什么，如果做了产权界定所禁止的事情，应该负什么样经济责任。作为规则，产权核心的功能是使人的权利与责任对称，使权利严格受到相应责任的约束，从而制度性地将“外部性”转化为内在性，能为人们的行为提供合理的预期。

在研究中，产权被界定为：产权是由法律、习俗与道德等界定和表达的，得到人们相互认可的关于财产的权利束。它是人们围绕或通过财产而形成的经济权力关系，其直观形式是人对物的关系，实质是产权主体之间的关系。产权包括权能和利益，权能即产权主体对财产的权利或职能，是带有产权主体意志的行为；利益是主体间关系的目的或本质所在。利益是权能的目的，权能是利益实现的手段[31]。

（2）农地产权结构。

农地作为一种人类赖以生存的不可再生的稀缺资源，经过历代人类劳动的开发，已蕴涵了大量的人类物化劳动，具备了作为准商品的性质。由此，农地产权的界定将决定为了提高农业效率的所有努力发挥作用的环境。如果农地产权界定正确，那么拥有相应权利的农户就有在农地上投入并高效工作的积极性[58]。

所谓农地产权是指以农地所有权为基础，以农地使用权为核心的一切关于农地财产权利的集合体，是由各种权利组成的土地权利束。它是包括农地所有权、使用权、处分权、出租权、转让权、抵押权等权能的权利束①[54]。其中，“土地所有权是指土地所有者在法律规定的范围内自由使用和处理其土地的权利，受国家法律的保护”[59]。土地的使用权是指依法对土地进行实际利用的权利[60]；土地的处分权指依法决定怎样安排、处分土地的权利。在土地的权利束中，所有权是基础，是其他产权的母权，产权的所有者总能通过对这些权能的分离或组合不断地实现他对财产的所有。

农地产权各权能的分离与组合则构成了不同的农地产权结构。所谓结构是指系统内各构成因素的组成及相互联系状况。那么，产权结构即指一定考察范围内，产权各项权利间不同组合形式及产权主体的构成状况。因此，农地的产权结构也就由农地的所有权、使用权与转让权等权利之间的不同组合及各权利在不同主体间的安排形式两部分内容组成。本书对农地产权结构的研究将从两部分内容出发（见图 2 -1），分别考察农地产权在不同主体（国家、集体、农户）间的安排及不同权利之间的组合对农地利用绩效的影响。

① 由于每一种权能都会伴随相应的收益，因此这里不再将收益权单独列出，收益权指依法获取土地所产生的自然或法定孳息和利益的权利[61]。

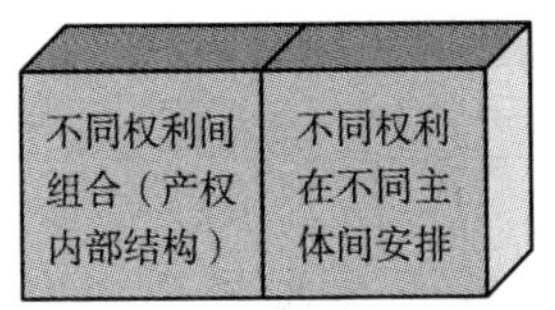

图 2－1　产权结构内容

一般意义上，产权权利束的分解是随着社会分工的发展而不断变化的。社会分工越发达，产权行使的分工就越细；产权权利的分解越细，权利项越多，结构就越复杂。不同的产权项，可以合于一个主体，也可以分离，分离又有不同的分离方式和组合方式，每一种分离方式或组合方式，就形成一种结构。因此，农地产权的产权结构是随着社会的发展而不断变化的。

2.2　研究的基本假设

假设是经济学研究的前提。结合产权经济学理论及研究的主题，本书提出界定研究空间的以下假设：

2.2.1　资源“稀缺性”的假设

“稀缺性”是经济学研究的基本假设，正是基于这一假设，对产权制度与农地利用的研究才具有现实的意义。如果农地资源是取之不尽的，研究它的利用就没有任何的意义。

在研究中，资源的稀缺性有两方面含义：一是农地资源的稀缺性。由于农地具有数量有限、位置固定且存在着等级差异等特性，相对于人口的不断增长与城市化发展对农地的需求而言，农地日益成为一种稀缺的资源，必须优化该资源的配置，提高其配置效率。二是“农地产权制度”的稀缺性假设。制度的生产与使用是需要成本的，它以公共产品的形式被生产和使用，一种制度代表一种交易形式，能促进生产力发展的、合理的农地制度必然是一种稀缺资源，这也是人们研究农地制度变迁，探索其变革方向的意义所在。

2.2.2 “不确定性”与“复杂性假设”

产权经济学认为人类进行行为选择的环境是“复杂的、不确定的”。所谓不确定性是指事物属性、状态的不稳定性或不可确知性。复杂性是指影响事物属性、状态的因素很多，而且是可变的，每种因素的影响程度具有可变性[62]。在现实社会中，农地利用主体在进行农地利用行为决策时，不可避免地要受复杂、不确定因素的影响。因此，研究遵循人类行为选择环境的复杂性、不确定性这一假设。同时认为，农地产权制度变革的目的就是降低农户决策的“不确定性与复杂性”，从而降低由于不确定性与复杂性引起的交易成本的增加。

2.2.3 “有限理性经济人”的假设

意识到人们所面临的决策环境的不确定性与复杂性，现代西方的产权经济学继承了主流经济学“有限理性经济人”假设，认为行为人决策的出发点是实现自身主观效用最大化。由于决策环境是复杂的、不确定的，会导致决策的有限性或非完全理性，成本—收益分析法是行为人决策的主要方法。

农地直接利用者农户在现实世界的决策环境是复杂多变的，其决策的依据是自身所获得的主观效用的高低，以此作为博弈的依据，在特定的环境下确定自身利用土地的行为。故本书分析的行为人农户秉承了“有限理性经济人”的假设，是自身效用最大化的追求者，从我们调研的结果看，现阶段几乎所有的农户在农地利用决策中，首先考虑的均为自身的收益。

2.2.4 正交易费用假设

“经济人”假设的一个主要的缺陷是认为制度是既定的，因此交易费用为零。而产权经济学认为制度是变动的，其运行是需要成本的。如市场上交易的对象要寻找，信息要了解，谈判要进行，契约要签订、履行，监督要实行，纠纷要解决，违约行为要制裁，交易的秩序需要维护等，科斯称制度运行成本为交易成本。因此研究人类社会经济行为必须考虑这些费用。从而修正了零交易费用的假设，提出交易费用为正的假设。农地产权制度运行的外界环境是复杂的，具有不确定性，因此它的运行与变迁是需要成本的。

本书研究的农地产权制度对农户行为及农地利用绩效的影响均是在上述假设条件下进行的，目的在于去除一些小的无关紧要的影响因素对研究主体的影响，以简化研究，探寻所要研究问题的实质。

2.3　产权影响绩效的一般分析：产权—行为—绩效

产权经济学主要的研究内容之一是产权及其安排对经济活动的影响，不同的产权安排，会导致行为主体不同的经济选择行为，从而产生不同的活动绩效，产权对绩效的影响机制是产权经济学的基本理论。

2.3.1　产权的基本特征与功能[31]

2.3.1.1　产权的基本特征

产权对绩效的影响源于产权自身所具有的特征。产权的排他性界定了产权主体所享有的权能及行使该权能后所获得的利益，从而对产权主体经济行为形成一种激励；作为一种权利束，产权所具有的可分解性使不同的权能可以由不同的主体行使，从而通过分工与合作实现资源的优化利用；而可转让性则使产权的交易成为可能。产权的基本特征主要体现在三个方面。

（1）产权的排他性。排他性是指产权主体对他所拥有的财产权利的对外排斥性和对特定权利的垄断性。即一旦产权主体拥有了某项财产权利后，就将其他个人或团体排斥在特定权利领域之外。如果没有这种排他性，任何人都可以占有、使用财产，也就无所谓产权，更谈不上有序的交易秩序。产权的排他性建立在资源稀缺性的基础上，同时又促进稀缺资源的合理分配。

（2）产权的可分解性。产权是关于财产的一种权利束，这就使产权各项权利的分解成为可能。所谓产权的可分解性，是指产权的各项权能可以分别隶属于不同的主体。

（3）产权的交易性（转让性）。产权的交易性也可称为产权的转让性或让渡性，是指产权在不同主体之间的转手和让渡。产权的交易性是以产权的排他性为前提的，要求特定产权主体是唯一和垄断的，否则，主体就不可能进行产权的交易。产权的可交易性既是产权能成为产权的重要属性，又是产权发生作用或实现其功能的内在条件，产权功能的实现很大程度上依赖于产权的交易。

2.3.1.2　产权的基本功能

产权对经济活动绩效的影响是通过一定的途径由其功能来实现的，产权的功能是指产权对于社会经济关系和经济运行的作用，它内在地产生于产权的基本特征而非人为设计。人们对经济运行目标的实现，在一定程度上可以通过产权的功能及其变动规律，使功能按照人们的价值标准变动而实现，即通过优化产权的功能实质上就是优化产权结构来实现。产权一般具有界区、激励与约束、外部性内部化、配置资源、分配收入等功能。

（1）界区功能。

产权的界区功能是指通过产权的界定来明确产权权利区间的机制与作用。这种功能可以明确财产权利的归属范围，使不同财产的不同产权之间边界确定，不同的主体对不同的财产拥有不同的、明确的权利，进而使人们交往的经济环境变得相对确定，产权主体对自己经济活动的后果所享有的权利和承担的义务有一个明确的认识，从而减少了经济活动中不确定性。正如诺斯所言“制度[①]在社会中主要的作用在于通过向人们提供一个日常生活的稳定结构来减少不确定性……用经济学的语言来说，制度确定和限制了人们选择的集合”。产权的这一功能主要是由产权的排他性确定的，正是由于产权具有排他性，它才可以明确地界定某项产权归属于甲而不是乙。值得一提的是，设置和明晰产权本身也是需要成本的，当这种成本大于通过明晰产权所带来的收益时，就没有必要设置产权。因此，不能无限度地、绝对地通过追求产权的确定与明晰，来减少经济活动中责权利关系的不确定性。

（2）激励与约束功能。

产权的激励与约束功能源于产权的内容，产权的内容包括权能与利益两个方面。任何一个主体，一旦有了属于他的产权，不仅意味着他拥有什么样的权利，也意味着他能得到多少相应的利益。经济活动中如果当事人的利益通过明晰的产权得到了肯定与保护，那么它相应行为的内在动力就得到了保证，产权也就通过利益机制实现了它的激励功能。有效的激励能使主体行为的收益或预期收益与其努力程度相一致，从而调动主体的积极性。相反，若产权界定不明确，权能与利益关系模糊，那么当事人就无法通过相应权能获取预期的收益，必然会失去生产经营的积极性，最终导致经济运行效率低下。我国家庭联产承包责任制的实施就是一个通过明确产权的界定而调动农民生产积极性，提高生产效率的实例。

产权被界定时，不仅明确了产权主体能做什么，同时也明确了产权主体不能做什么。换句话说，产权是有限的。它的权能有一定界区，利益是有限度的，正是基于这种有限性，产权在激励的同时也具有约束的功能。产权权能空间的界区，在确定主体选择集合的同时，也限制了它的作用空间，在确认其可以做什么的同时，也界定了他只能在什么范围内，以什么形式做什么，界定了他不能做什么；产权利益的有限性，在确认和保证主体可以得到什么的同时，

① 产权制度无疑是主要的制度。

也确定了他的利益边界，限制了他可以得到的东西，一旦他的行为超出了界定的范围，得到不该得的利益，他就得为此付出代价。产权的激励与约束功能是相辅相成的，是一个问题的两个方面。因此，也有人将产权的约束功能称为一种反面的激励。

（3）“外部性”内部化功能。

“外部性”问题是福利经济学研究的主要内容。当某个人的经济活动所产生的个人收益与社会收益、个人成本与社会成本不相等时，就产生了“外部性”[63]。传统的福利经济学认为，可以依靠政府的介入来解决“外部性”问题。如庇古主张，可以通过惩罚造成外部成本的人，如征税来补偿受损者，或对其行为发出禁令来解决这一问题。而产权经济学认为，“外部性”意味着一个新的权利产生，在原有产权格局下、产权范围内，产权主体在行使自己的产权时，产生了新的权利，需要重新界定产权。因此，科斯提出了解决“外部性”问题的另一个办法：清晰地界定产权，一旦新的权利得到界定，它的拥有者就明确而确定，也就意味着对“外部性”设置了产权后，“外部性”就内部化了。例如，一旦污染问题中的排污者被界定“有权污染”，那么，他的污染行为就是合法的，对他来说污染就不是“外部性”了；如果排污者被界定“无权污染”，那么他就得自己承担污染所造成的成本，这是一种私人成本。

外部性内部化是产权基本的功能之一，正如德姆赛茨所言：产权的主要功能之一就是激励人们实现将“外部性”较大的内部化[64]。

（4）配置资源功能。

产权本身就是对各种资源的权利。因此，产权安排或产权结构无疑会直接形成资源的配置状况。产权的变动会引起资源配置状态的改变或影响对资源配置的调节。科斯认为“在交易费用大于零的世界里，不同的权利界定会带来不同效率的资源配置。”由于交易是有成本的，在不同的产权制度下，交易成本不同，从而对资源配置有不同的影响；如果某种产权制度不能保证资源的配置是最优的，这时有必要将权利让与那些能使用权利并且有这样使用动力的人，以实现资源配置的理想状态。可见，为了优化资源配置，对产权的初始安排和重新安排的选择是重要的。农地权力配置的优化本质上就是对农地资源配置的优化（汪军民，2008）。

（5）分配收入功能。

产权之所以具有分配收入的功能，是因为产权本身包含着利益内容，要么它本身就是收入或可转化为供人们享用的各种物品，要么是获得各种形式收入的依据。如果某人享有一套房的所有权，那么他就可以出租、出售或出卖它以获取收入。产权的界定与明晰有助于收入分配规范化。由于产权本身就是收入或获取收入的基本依据，因此对产权的划分和明确也就是对收入或收入依据的划分和明确，只要产权规则是明确的，收入分配就是规范的。只要产权能得到保护，收入分配就能正常进行，收入也就得到保护。

产权的基本特征与功能如图 2－2 所示。

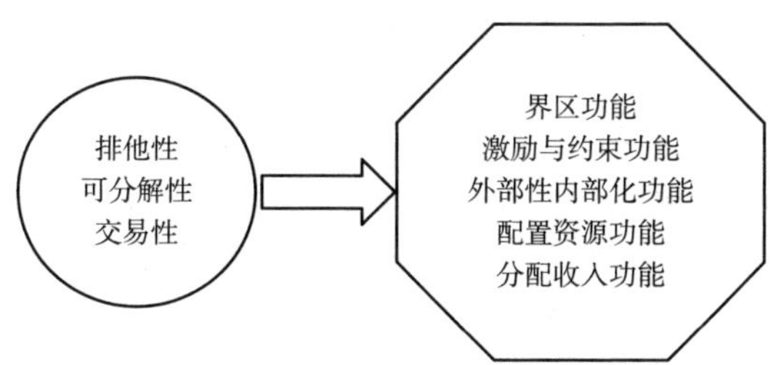

图 2－2　产权的基本特征与功能

2.3.2　产权影响绩效的基本途径

源于产权自身特性的产权功能是产权自身客观具有的，这种功能的发挥需要通过一定的途径来实现。现代产权经济学认为在一个生产机制中，主体的财产界定问题是限定交易界限的有效约束，由于行为人总是在一定的产权结构中寻求效用的最大化，因此产权肯定会影响主体的行为和动机[65]，而这又会导致不同的行为结果。加林·C. 库普曼斯和约翰·迈克尔·蒙蒂亚斯（Tjalling C. Koopmans

& John Michael Montias）曾提出过一个关于经济体制与经济结果之间关系的函数式：$O = F(E, S, P_S)$，其中 O 表示结果，F 表示他们之间的关系；E 表示环境因素；S 表示经济体制；P_S表示政策因素[66]。在此函数的基础上，如果用绩效（Q）来表示结果；用产权（p）来表示经济体制与政策，用 U 来表示环境和其他影响绩效的因素，就可以得到一个新的关于产权与绩效的函数关系式 $Q = f(P, u)$。而产权自身要对绩效产生影响，必须要通过对经济生活中行为人的经济行为的作用才能实现。具体来讲，产权能通过它的功能影响行为人的行为动机与目标，进而影响经济活动的绩效。若用 M 来表示行为人的行为动机与目标，那么产权对绩效影响的关系式可以改写为$Q = F[f(m), u]$，其中 $p = f(m)$。它们之间的关系如图 2-3 所示。

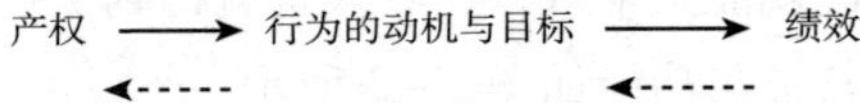

图 2-3　产权影响绩效的基本途径

产权通过“不同的结构对产权主体行为动机与目标的作用”是产权影响经济活动绩效的基本途径[67]。通过对产权主体行为的影响，产权可以利用自身的功能，实现对资源的配置与收入分配的规范化，能使行为主体明确自身所享有的权能界区与利益的限度，形成相对稳定的决策环境，激励与约束主体的行为，引导其将“外部性”行为内部化。最终实现“通过产权结构地优化来达到经济运行目标”的目的。

人类在土地利用的过程中起着主导的作用，土地利用的状况及土地能否为人类社会的发展提供必需的物质资料，不仅取决于自然环境条件，还取决于人类做出的土地、劳动、资本和技术等要素投入状况。在“有限理性经济人”假设下，人们对农地的投入、利用方式与利用强度的选择及对如何利用农地的决策取决于他通过努力能借助农地获得的预期收益大小，而这些预期利益的获得，在不考虑自然风险的情况下，是由农地产权结构确定的，一定的产权结构通过权力的界定明确了各主体的利益分割。因此，在既定自然禀赋的基础上，农地的产权会影响农户土地利用行为导致不同的农地利用绩效。

2.3.3　农户行为理论及行为假设

按照行为经济学的理论，行为是指人类有意识的活动，它既是人的有机体对外界刺激做出的反应，又是通过一连串动作实现其预定目标的过程。德国心理学家 K. 莱温（K. Lewin）认为，人的行为是环境与个体相互作用的结果，即行为由动机决定，尽管两者不是完全确定的对应关系，但不可否认动机是行为产生的直接动力，行为是动机的外在表现。动机主要产生于人自身的内在需求与外部环境条件的刺激（激励与约束）[68]。人类行为、动机及结果的关系如图 2－4 所示。

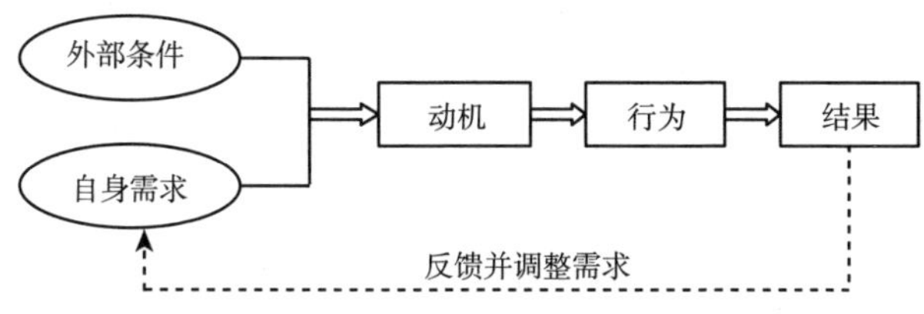

图 2－4　人类行为动机与结果关系

农户的土地利用行为是农户在一定的社会经济环境下，为满足自身利益，在农业生产中对外部刺激做出的反应，与其他主体的行为一样符合上述动机、行为及结果的逻辑。在对农户行为的研究中，代表性的人物为西奥多·舒尔茨、A. 恰亚耶夫和西蒙。舒尔茨认为农户是权衡长短期利益后，追求利润最大化的完全理性小农；而 A. 恰亚耶夫认为小农追求的是家庭效用的最大化，而不是市场利润的最大化；西蒙认为农户在决策时理性与非理性的行为均存在，是“有限理性的经济人”[69]。

在前人特别是西蒙研究的基础上，可以对农地直接利用主体农户提出以下的假设：

（1）农户是“有限理性的经济人”，其决策受事物发展不确定性及复杂性的影响，只能在现有的决策环境下选择主观效应最大的行为方案。

（2）农户追求的是利润最大化。在劳动力市场完善的假设下，可以认为农户总是在现有的约束条件下，追求利润（效用）最大化。

（3）一定时期农户的需求偏好具有多样性。

（4）农户的行为具有机会主义倾向。为了实现自身利益的最大化，农户会出现利用机会或情况的技巧、策略或实践投机取巧的行为[70]。

2.4 农地利用绩效评价理论

2.4.1 农地利用效果的评价

农地利用是人类以农地作为劳动对象或手段，通过一定的行为，利用农地的特性来满足自身生存与发展需要的过程。从农地利用在满足人类生存发展需要过程中最终发挥的作用来考察，农地利用具有多重目标，包括经济目标、生态目标与社会目标。农地利用的经济目标即最大限度地满足社会物质生产和生活对农地的需要；农地利用的生态目标是指保护农地利用的良好生态系统，保护农地利用的生态系统，并提高其功能，这不仅具有现实的意义，而且是造福子孙后代的伟大事业；农地利用的社会目标是指农地利用要能满足社会发展的需要，如代际公平、社会安定、粮食安全等[34]。

从现有的文献考察，对于农地利用目标实现程度评价的研究主要集中于对农地利用效率、效益及绩效的评价。从经济学角度理解，效率反映的是投入与产出之间的对比关系，一般用相对量表示[71]；农地利用在本质上就是对农地资源的配置，因此农地利用效率也可以用“帕累托效率标准”来评价，帕累托效率指资源的配置已经达到这样一种状态——无论怎样改变资源配置，若不使其他人的效用水平下降，就不可能使任何人的效用水平有所提高。但这种标准是传统经济学在零交易费用的假设下通过逻辑推演出来的，并没有现实的意义，最多是人们追求的一种理想状态。资源科学领域，资源利用效率可以用农地投入与产出相比较获得，投入产出率越高，农地利用效率越高，但它仅仅只是反映了一定时点上农地利用的静态效率，不能全面地反映某种产权制度下，一定时期农地利用的效果。效益则反映了成本与收益的关系，一般用绝对值表示，反映了农地利用的综合收益。农地利用效益是指一定空间、时间界限内对土地利用方式的评价[72]。一般分为经济效益、社会效益和生态效益。追求高的综合效益是农地利用的重要目标之一。但作为最基本的生产要素，农地生产力的可再生性，决定了它参与社会生产的目的不仅仅是创造出较高的效益，提高利用的效率，还应该不断地推动农地产出能力的培养与提升。因此，需要引入一个比效率和效益更宽泛的指标来评价农地利用目标的实现程度，衡量某种农地利用行为及其效果。

绩效是一定制度环境下，某种行为所产生的结果，是一个过程变量，具有典型的动态性（汪军民，2008）。绩效评估是指借助一定的技术方法，采用特定的指标体系，按照相应的程序，依据一定的评价标准，通过定量与定性比较分析，对行为结果做出综合、客观的判断，从而真实地反映现实状况，预测未来的管理控制系统[73]。由于绩效概念外延宽泛，具有一定的动态性，而且绩效评估方法科学性强，因此利用绩效评估行为及其结果近年来被越来越多地应用于研究领域，包括资源科学领域。利用绩效来评价农地利用目标实现的程度，不仅可以涵盖农地利用效果的全部内容，还可以很容易地与农地利用目标的价值判断相融合，如可持续利用目标。因此，一经引入土地利用研究领域，就受到研究者的青睐。

2.4.2 农地利用绩效评价指标体系

目前，我国对土地利用绩效评价的研究还处于理论探讨阶段，没有形成一套完整的土地利用绩效评价指标体系和评估规程。不同的研究者从不同的角度对土地利用绩效进行评价。研究主要集中于对城市土地利用绩效的评价[40-44,74-81]，对农地利用绩效的研究极其有限[39,82-83]。

在前人研究的基础上，本书将结合农地利用绩效及可持续利用的内涵，分别从经济、生态及社会三方面确定农地利用绩效的评价指标体系。指标体系的构建将遵循科学性与客观性兼顾、系统性与可操作性兼顾的原则，即以公认的科学理论与事实为依据，从评价方法的可操作性出发，系统地兼顾农地利用的经济、生态与社会目标，选取能客观地反映农地利用发展的状态，较好地度量区域农地利用目标实现程度的指标。

（1）农地利用的经济绩效。

农地利用的经济目标是利用农地最大限度地满足社会物质生产和生活的需要。为此人们会根据农地的自然属性，在一定的制度安排下采用一定的手段对农地进行改造、利用与保护，这种行为及其结果反映在经济方面就是农地利用的经济绩效，它反映了农地利用的效率与效益在经济方面的影响。主要体现在以下三个方面。第一，生产能力。在土地的一定深度和高度范围内，附着着许多滋生万物的生产能力，如土壤中含有许多营养物质以及水分和空气，还可以接受太阳照射的光、热等，这些是地球上一切生物生长、繁殖的基本条件[34]。因此，生产能力是农地利用经济绩效产生的根基，对生产能力的评价可以考虑：农业产值占总产值比重、粮食单产、单位耕地面积产值[39,84]等。第二，利用效率。利用效率反映了农地利用中投入与产值的比值关系。可以从以下方面评价：农业生产总值增长率、单位机械力农业产值、农业化学效率等。第三，利用效益。利用效益直接反映了农地利用的收益，反映了农地利用投入与产出关系，可通过农业投资效益等指标来评价。

（2）农地利用生态绩效。

农地利用的生态目标是保护土地利用良好的生态系统。为此人们在一定的制度安排下利用农地获得生存与发展所需物质资源的同时，必须要保护农地利用的生态环境，促进农地再生产能力的快速恢复，农地利用的相关行为及其生态效果就是农地利用的生态绩效。主要表现在两方面：一是对农地利用的程度。科学实践已证明，农地自身具有最大的承载力，利用程度太低，会导致农地利用效率低下，而过度地利用则会破坏农地再生产能力。农地利用的程度可通过复种指数、节水排灌面积比例等指标来评价。二是农地利用对环境的影响。土地本身是自然生态系统的基础因子，人类为了满足某种欲望对土地的干预活动必然会对自然生态环境造成一定的影响，而这种影响反过来会影响人们利用农地实现某种欲望的程度。农地利用对环境的影响可通过水土流失治理面积比例，农地环境质量指数、灾害抗逆指数、有效灌溉面积比例、森林覆盖率[84]等指标来反映。

（3）农地利用社会绩效。

农地利用的社会目标是满足社会稳定、全面持续发展的需要。社会全面、稳定持续的发展是人类社会发展的目标，也是农地利用追求经济绩效与生态绩效的落脚点。农地利用的社会绩效主要体现在以下两方面。一方面是农民生活水平。在我国农地是农民生活和就业的基本保障，也是改善和提高农民生活水平的重要源泉，因此可通过农民的生活水平来反映农地利用社会绩效，对农民的生活水平可通过恩格尔系数等指标来评价。另一方面是社会稳定。稳定是发展的前提，人类社会要实现可持续发展的目标，首先要保障社会的稳定。与农业这一基础产业相联系的农村的稳定是社会稳定的基础，故社会稳定是农地利用社会绩效的另一重要表现。对此可从人均粮食占有量、人均耕地占有量等方面来评价。

由于农地利用具有区域性，因此对具体区域绩效评价指标地设置应该考虑其地域特征，设置符合当地实际情况的评价指标体系。

2.5　研究框架的构建

本书研究框架的构建主要是基于对以下四方面的考虑：一是产

权影响绩效的一般理论；二是对产权结构的理解，正如本章第一部分所述：对农地产权结构地考察应该从农地各权利之间的不同组合和农地产权不同安排形式两方面进行；三是我国农地产权结构演变的史实，1949 年以来我国农地产权结构的演变主要是围绕着农地的所有权与使用权进行的，因此对农地产权制度改革的探索也应该主要从这两方面考虑；四是农地可持续利用绩效内容。

鉴于以上四方面的因素，本书将重点考察农地的所有权在不同主体间的安排及使用权的稳定性对农地利用微观主体农户行为的影响及所导致的农地利用绩效的差异；农地产权的不同组合对农地利用绩效的影响，并在此基础上分析农地可持续利用绩效目标下中国农地产权制度变革的方向。

农地所有权的安排对农地利用主体行为的影响及农地利用绩效差异。“农地的所有权”是指农地的所有人依法对农地所享有的占有、使用、收益与处分的权力。按照所有权主体的不同，可以将农地所有制分为国家、集体及私人所有制三种模式，它们各自具有不同的特征，对农地利用微观主体农户的农地利用行为决策会提供不同的产权环境，产生不同的影响，进而导致不同的农地利用绩效。

农地使用权安排对农地利用绩效影响。农地的使用权是指农地的使用者遵照相应的规则对既定的农地进行实际利用的权利。不同的农地使用权安排主要表现在使用权权能的界定及使用权的稳定性两方面。使用权权能的不同界定会对农户土地利用动机的产生提供不同的外在刺激效应，影响农户土地利用行为，进而产生不同的农地利用绩效；由于农业生产是一种周期较长的生产，而且有一定的自然风险，因此农户所拥有的农地使用权时间段长短不同，对农户土地利用行为会产生不同的影响，导致不同的农地利用绩效。

农地产权不同权利组合对农地利用绩效的影响。农地产权不同权利组合表现为农地产权内部不同结构，它对农地利用绩效的影响表现为农地产权的完整性与完全性两方面。完整的农地产权包括农地使用权、收益权与转让权，排他的使用权、自由的农地流转权及独享的收益权均能有效地确保及引导农户合理利用农地，提高农地利用绩效；农地的完全性外在表现为农地产权束中各权利项界定的清晰程度与实施的彻底程度，是农地各项权利得以贯彻落实的核心，是农户合理利用农地提高农地利用绩效的保障。

合理的理论分析除了有正确的逻辑推理外，还需要实践地检验。在上述理论分析的基础上，本书以陕西省作为实际研究个案，运用相关的数据量化地分析了 1949 年以来我国农地产权结构每一特定阶段农地利用绩效的变化，以检验理论假设的合理性。

农地可持续利用对农地产权结构安排的客观需求。农地可持续利用的核心是其经济绩效、社会绩效与生态绩效的协调发展，要实现协调发展，要求农地利用经济绩效对应产权体系的权利主体为农户，各权利应具有排他性、完整性、完全性与可转让性；农地利用社会绩效和生态绩效对应产权体系主体均为以政府为代表的国家或其他公共部门，各权利具有排他性、完整性与完全性。只有满足了上述客观需求的产权结构才能促进农地可持续利用目标的实现，对比中国现阶段农地产权结构与上述要求的差距，即可确定我国农地产权改革的方向。

第3章 我国农地产权结构的历史演变与农地利用绩效变化

本书研究的目的之一是探讨中国农地产权制度变革的方向，因此在理论研究之前有必要对中国农地产权结构演变的历史做以回顾，为理论研究奠定坚实的事实基础。“在一个农业国家中，财富的首要基础是土地。故在中国的历史上，一切社会经济思想以至于政府的政策措施都以土地的分配和利用为中心”[85]。纵观我国历史的演变，几乎每一次政权的更迭与经济发展，都与农地产权结构的变革有关。1949年后，我国的农地产权结构先后经历了一系列重大的变革，每一次演变都对社会经济的发展，特别是农村、农民、农业的发展产生了巨大的影响。

本章将以时间为轴线，回顾1949年以来我国农地产权结构演变的历史路径，探寻每一次演变对农地利用绩效影响的史实。“历史的记忆决定着我们的演进”[86]，未来的发展避不开历史的路径，对我国农地产权结构演变的历史分析不仅有助于我们全面认识中国农地产权结构对农地利用绩效影响的史实，为研究提供事实的支撑，也将为我们探索中国农地产权制度变迁的方向提供一定的路径支持。

3.1 我国农地产权结构演变阶段划分[87-88]

1949年以来，我国的农地产权结构基本上经历了四次显著的变革。第一阶段为1949~1952年农地个体所有、个体经营阶段。这一阶段，通过土地改革，消灭了封建地主土地所有制，实现了“耕者有其田”的农民土地所有制，农民完全拥有了土地的产权。第二阶段为1953～1955年农地个体所有、集体经营阶段。基于克服“一家一户的土地产权制度难以克服生产资料、资金缺乏、无力抵御农业生产面临的各种自然灾害”等缺陷，该阶段进行了农业合作化运动，通过这一运动虽然农地的所有权依然归农民所有，但农地的经营权却归集体所有。第三阶段为1956～1978年的集体所有、集体经营阶段。这一阶段农地的产权制度经历了“农地归公社所有，由公社经营”的高级社产权所有制、“农地及一切生产资料归公社所有，由公社经营”的公社所有制、“大部分农地归生产小队所有，由生产队经营”的三级所有，队为基础的土地制度。至此私有产权基本消失，除了占土地5%的自留地的使用权外，各项资产的产权均归集体，在一定程度上实现了所有权与使用权的分离。第四阶段为1979年至今的集体所有、家庭经营阶段。这一阶段主要是家庭联产承包责任制的巩固与完善阶段。这一阶段，在所有权性质不变的前提下，农地的经营权得到不断的调整与完善。农地产权的主要特征是“共有私用”，即农地所有权归集体所有，而经营权归农户。实现了农地的所有权与使用权的完全分离。

纵观1949年以来我国农地产权结构的演变，不难发现这一结构的演变主要是围绕着农地的所有权与经营权进行的；影响产权结构演变的主要因素是生产力的变化及政府对所有制的偏好。1949年后，我国以建立社会主义国家为其奋斗目标，而马克思认为“社会主义的公有制是优越于资本主义的私有制的”，所以“公有制”成为其偏好选择[89]。另外，生产力的发展也是影响我国农地制度变迁的主要因素之一。1949年后，面对百废待兴的经济局面，通过土地改革，我国实现了“耕者有其田”的产权改革目标，调动了农民生产的积极性，使生产力得到发展；基于对小农经济发展缺陷的克服，又实行了“农业合作化运动”；之后由于对生产力发展过程中出现问题的不断纠正，开始实行并不断完善“家庭联产承包责任制”。

为了比较不同的所有权与使用权安排及不同产权内部组合下，

我国农地产权结构对农地利用绩效的影响，突出研究的重点，结合我国农地产权制度变迁的史实，可将我国农地产权的变迁划分为两大阶段。一是农民所有制阶段（1949～1955年），二是集体所有制阶段（1956～2009年），每一个阶段又可以按照使用权的不同划分为两小阶段。本章将结合史实分析比较不同产权结构阶段农地利用绩效差异，以探究农地产权结构的演变对农地利用绩效影响的史实。

3.2 农民所有制阶段产权特征与农地利用绩效（1949～1955年）

所谓农民所有制阶段，是指农地的所有权归农民个体所有的一种农地产权制度。1950年6月《中华人民共和国土地改革法》的颁布，标志着“耕者有其田”的农民所有制对封建地主土地所有制的替代，新的土地制度突破了封建土地所有制导致农业生产效率低下的两个主要因素：土地所有权集中和高额地租，极大地促进了农业经济的发展，农地利用经济与社会绩效取得了较大进步。

3.2.1 农民私有家庭经营产权结构及农地利用绩效变化（1949～1952年）

1949年后，在中国共产党的领导下，我国建立了以“农地农民私有，家庭经营”为特征的农民土地所有制。这是一种集所有权、使用权、收益权与转让权于一体的单一的产权结构。这种产权结构边界清晰，具有排他的使用权、自由的转让权、近乎独享的收益权，是一组完整的产权。在这种产权结构下，农民交易的经济环境相对稳定，对未来收益能做出合理的预期。在不考虑自然灾害的前提下，农户对农地投资与自身预期收益基本成正比，农户有投资的意愿，同时私有制又赋予了其选择如何投资的权利，因此积极的农地投资行为盛行；就农地保护而言，由于农地永久归属于农户所有，因此农户非常愿意在力所能及的范围内尽可能地保护农地，以期在未来取得尽可能大的收益，永久、完整的产权还大大地促进了农地利用外部性[①]的内部化；由于当时的农户刚刚满足了“耕者有其田”的迫切愿望，因此尽管农地可以自由转让，但当时的土地流转行为并不常见。即便如此，私有的农地产权也为农地利用及整个社会的发展带来了巨大的经济与社会绩效，极大地促进了社会生产力的发展。这场变革不仅促进了农地利用经济绩效的提高，还满足了农民政治上的渴望，促进了产生于土地分配上有利于佃农更为平等的社会的建立，极大地促进了社会的稳定，提高了农民对政府的依赖感。由于农地归农民所有，除了正常的赋税外，所得的收入都归农民自己，付出与收益直接挂钩，极大地调动了农民生产的积极性。与1949年相比，1952年农民人均纯收入增加30.1%，粮食单位面积产量增加了28.5%，说明农地生产能力有所提升；农业总产值年均递增率为12.3%，说明农地利用的效率增加；这几项指标综合表明农地利用经济绩效的提高。复种指数由1949年的127%增加到1952年的131%，说明农地利用程度提高；1952年的灾害抗逆指数达到0.735，说明人们对环境的影响加剧，综合表明了农地利用生态绩效的提高。与1949年相比，1952年人均耕地面积增加了3.9%；人均粮食的占有量提高了37.9%，表明社会的稳定程度提高，农地利用社会绩效增长[②]；这些充分地说明：“边界清晰，具有较完整的排他性，以一家一户为单位的农民私人所有制产权结构，有效地内部化了封建土地制度下所产生的‘外部性’，对农地资源的利用产生了有效的激励，为农地利用带来了巨大的绩效”，在当时的历史背景下，这种绩效主要表现在经济与社会两个方面。

---

① “外部性”是指经济主体之活动对与该活动无直接关系的他人或社会所产生的影响，农业土地利用的外部性则是指农业土地利用的过程中给他人带来了额外的收益，或者造成了额外的损害。外部性会导致农业土地资源的低效率配置，加大社会成本。

② 本章相关数据除了特殊说明外均依据《新中国60年统计资料汇编》《新中国农业60年统计资料》《2010年中国农村统计年鉴》《2011年中国统计年鉴》《2009年国土资源公报》整理获得。

3.2.2 农民私有互助经营产权结构及农地利用绩效变化（1953～1955年）

1953年2月中共中央通过了《关于农业生产互助合作的决议》，这标志着农地制度开始转变为以“农地农民私有，互助经营”为特征的初级农业生产合作社产权制度。由于此时农地的所有权仍归农民所有，因此也可将其称为农民所有制。与前一阶段的产权制度相比较，这时农地的使用权由合作社统一支配，收益权则在农户与合作社之间进行分割。显然，这时的农户不再拥有专有的使用权和独有的收益权，原有产权的完整性遭到破坏。农户在农地投资、农地保护及土地流转行为中动机不如前一段明显，拥有相关权利充分性也有所降低，相关行为的积极性自然稍逊一筹。由于当时的农民具有充分的退出权，因此初级农业生产合作社产权制度仍不失为一种较完整的产权制度。在当时的历史条件下，这种产权制度克服了分散、落后的小农经济所固有的排斥生产力发展的缺陷，体现了分工协作的优势。但由于集中劳动规模较大，管理水平低下，使对劳动计量与监督的成本增大，出现了“搭便车”等机会主义行为。幸而由于广泛的思想动员，农民积极性仍较高，因此这一阶段农地利用绩效提高仍较明显。与1953年相比较，1955年农业总产值年平均增长7.7%，说明农地生产能力仍在提升，农地利用经济绩效提高；复种指数由131%增加到137%，灾害抗逆指数由1953年的0.52增加到0.61，表明农地利用的生态绩效仍在提高；与1953年相比，1955年人均耕地面积减少了4.5%，这与1953～1955年的人口年均增幅大于年均耕地增幅有关，但人均粮食占有量增幅为1.67%①，说明农地利用社会绩效仍略有提高，但其经济、社会与生态绩效的增长幅度均比上一阶段有所下降。显然，与前一阶段相对完整、完全的农地产权相比较，这种有所分离的产权结构在促进分工协作、提高

① 数据依据《新中国60年统计资料汇编》整理获得。

农地利用效率方面具有一定优势。但“外部性”的出现也对农地利用的管理水平提出较高的要求。

上述两个阶段我国农地产权制度变迁与农地利用绩效变化的史实表明，1949 年初期强制性变迁的“农民所有制”克服了封建土地所有制时形成的“外部性”，对农民的农地利用行为形成了较好的激励，对农户的投资、保护、流转等土地利用行为具有正向的激励作用，大大促进了农地利用绩效的提升。与以“家庭经营”为特征的产权结构相比较，“准集体的互助经营”能通过分工协作较好地解决小农经济在社会化大生产中表现出来的不足，但却增加了社会的交易成本。

3.3　集体所有制阶段产权特征与农地利用绩效（1956 ~2009 年）

集体所有制是指农地的所有权归集体所有的一种土地产权制度。我国的集体所有制经历了“四权一体”的高级社产权结构，人民公社产权结构，三级所有、队为基础的产权结构类型，土地承包制产权结构四种不同的类型。按照使用权主体的不同可划分为集体经营与家庭经营两个阶段。每个阶段，不同的产权结构都对农地利用的绩效主要是经济绩效产生了不同的影响。

3.3.1　集体所有、集体经营产权结构及农地利用绩效变化（1956 ~ 1978 年）

1956 年年底，我国参加高级社的农户数达到一亿多户，占全国农户总数的 88%[①]。这标志着高级农业生产合作社产权制度对农民所有制的替代，而且这种替代是强制性的，很大程度上已经脱离了

① 经济大辞典·农业经济卷. 上海辞书出版社，1983.

生产力发展水平。在这种产权结构下，私有产权基本消失，农地的所有权、使用权、转让权及各权利相应的收益权均归集体，但表面上农民还有自由退社的权利。从1958年8月开始，全国建立了农地公社所有制，在这种产权结构下，农民彻底地失去了自由退社权利，与前一阶段产权结构相比较，这是一种更“公”更“纯”的产权结构。1962年9月的《农村人民公社工作条例修正案》通过对农地公社所有制的调整，产生了“三级所有，队为基础”的产权结构。在这种产权结构下，大部分农地的所有权、使用权、收益权、转让权归生产队、生产大队、公社所有。尽管具体的产权结构不同，但这一阶段农地产权制度的一个共同特征是“共有共用”。在这类产权制度下，国家基于政治的偏好选择集体作为其代理人行使农地的产权。一方面，由于国家对其代理人充分监督的成本较高；另一方面，由于使用者对农地的使用与转让、收益均不具有充分的权能，因此产权的激励与外部性内部化功能大打折扣。农民生产积极性不高，由于农地“共有共用”，农地的收益与农户自身的努力无直接的关联，因此，无论在农地投资、保护与流转行为的哪一方面，农户行为的意愿与权利均不充分，几乎难以产生自主的土地利用行为。农地利用绩效总体提升不明显。与1957年相比较，1978年农业增加值占国民生产总值的比重由40.3%下降为28.2%；农业总产值年均增长仅4.9%；1978年单位耕地面积产值仅比1957年每公顷增加了727.4元，年均增加不到40元；农民人均纯收入1957年时为73.0元，到1978年时增长到133.6元，20多年间年均增长不到3元，而且几乎全部来源于集体分配收入；单位机械力农业产值下降了97.3%；农业化肥的投资效率减少了89.4%。以上指标表明农地利用在生产能力、利用效率等经济绩效方面几乎停滞或下降。复种指数由1957年141%增加到151%；有效灌溉面积的比例年均增长仅3.87%；灾害抗逆指数由1957年的0.49上升为1978年的0.52，这些数据表明农地利用的程度与人们通过农地利用对环境的影响有所增强，但其生态绩效的提升并不明显。1957～1978年，人均粮食占有量增幅仅为4.9%，22年间有10年呈负增长；人均耕地占有量年均减少2.4%，说明农地利用社会绩效中的社会稳定性有所下降。

3.3.2　集体所有、家庭经营产权结构及农地利用绩效变化（1979～2009 年）

1978 年年底党的十一届三中全会后，一些地方开始积极地试验并推广各种形式的农业生产责任制（廖洪乐，2008 年）。1983 年 1 月 2 日中央发布《中共中央关于〈印发当前农村经济政策的若干问题〉的通知》，充分肯定了联产承包责任制。1983 年 12 月底，全国实行生产责任制的生产队高达 99.5%①。至此以“农地集体所有，家庭经营”为特征的农地家庭承包经营基本形成。之后，为适应生产力发展的需要，中央先后在 1984 年、1993 年和 2008 年分别将农地承包期调整为 15 年以上、再延长 30 年、长久不变；1995 年《农业部关于稳定和完善土地承包关系的意见》对农户转让承包地的相关权益进行确认；1996 年 1 月《中共中央、国务院关于“九五”时期和今年农村工作的主要任务和政策措施》明确提出建立土地使用权流转机制，鼓励发展多种形式的适度规模经营；2008 年《十七届三中全会报告》中强调了对承包地的占有、使用、收益等权利的保障……这一阶段的农地产权制度改革主要是家庭承包制的建立与完善。这一阶段产权改革的特征主要是：

（1）农地的所有权与使用权分离。与前一阶段相比，农民通过承包获得了农地的使用权，这种分离使集体经营时产生的“外部性”得到有效的内部化，一定程度上农民的收益与其付出是一致的，决策环境的不确定性大大下降。

（2）农民所拥有的产权权能不断完善，完全性增强。家庭联产责任制的创新与不断完善，使农民不仅拥有了长久的农地使用权，而且拥有了对承包地的相对充分的收益权及处置权，不但避免了农

① 农业部计划司．农业经济资料（1949－1983）；中国农业年鉴（1984 年、1985 年）．

业生产中监督困难的缺陷，而且使外部的监督成为多余，大大减少了交易成本[90]。

随着农地产权的不断明晰与完善，农民在农地的投入获得了更加明确的回报，使农民利用农地创造价值的信心大增。在这种产权结构下，农户对农地投资行为的意愿明显，而使用权也赋予了他们完全自主选择投资金额与方式的权利，积极的农地投资行为自然而然产生；在农地保护方面，基于对自身效应最大化追求，农户会尽可能积极运用自身所掌握的知识与技能加强对农地的保护；随着这种产权结构的不断完善与发展，产权对农户投资与保护农地的正向激励作用也越来越强，在土地流转方面，农户拥有的土地流转的权力在不断完善，但由于农村养老保险制度发展滞后等原因，农户土地流转的意愿并不强，因此农户的土地流转行为时有发生，但未成规模；即便如此，与前一阶段相比，农地利用的绩效明显好转。据统计，1979 年农业增加值占国民生产总值的比重为 31. 3%，到 2009 年，这一比重下降为 10. 3%，年均下降 3. 5%；农业总产值年均增长 13. 0%；2009 年单位耕地面积产值比 1979 年每公顷增加了 23817. 1 元，年均增加 768. 3 元；农民人均纯收入 1979 年为 160. 2 元，到 2009 年时增长到 5153. 2 元，30 多年间年均增长约 171. 4 元；粮食单产由 1979 年每公顷 2785 千克增加到 2009 年的每公顷 4870 千克，年均增长 1. 9%；单位机械力农业产值 1979 年每瓦为 1. 27 元，到 2009 年一跃为每瓦 68. 99 元，年均增长 34. 5%；农业化肥的投资效率年均增长 5. 5%。这些指标表明农地利用在生产能力与利用效率等经济绩效方面取得了巨大的进步。1979 年复种指数为 149. 2%，而 2009 年复种指数为 130. 0%，年均负增长 0. 32%；有效灌溉面积的比例年均增长 0. 71%；灾害抗逆指数年均增长仅 0. 95%，30 年间有 15 年为负增长，这些指标说明农地利用的程度在减弱，人们通过利用农地对环境的影响有所增强，但这一时期生态绩效总体上有所滑坡。1979 ~ 2009 年，人均粮食占有量年均增幅仅为 0. 62%；人均耕地占有量年均减少 0. 18%，说明农地利用的社会绩效中的社会稳定性不容乐观。比较这三种绩效的变化可以发现，1979 年以来，农地利用的经济绩效在快速增长，而社会绩效与生态绩效特别是生态绩效的增长却很缓慢，甚至是负增长。

集体所有制阶段的产权结构演变与农地利用绩效变化表明，以“集体为农地使用权主体”和以“家庭为农地使用权主体”相比较，前者易于产生“外部性”，交易成本高于后者，而家庭经营能较好地内部化集体成员监督困难产生的“外部性”。从农地利用绩效的变化看，以家庭为使用权主体阶段明显要好于以集体为使用权主体阶段，一方面是由于以家庭为使用权主体阶段农地产权制度的变迁是经济当事人需求诱致生成的，适应生产力发展的需要（张红宇，2002）[91]；另一方面相比较于以集体为使用权主体阶段，以家庭为使用权主体阶段的产权结构在排他性、可转让性、分解性方面要完善得多，产权能较好发挥其应有的功能，引导农民对农地的利用向高的绩效方向努力。

以上史实还表明，就所有权主体而言，农地私有并不适合现阶段我国的国情。从历史的发展看，针对我国小规模农业发展的现状而言，农地私有化自身有着难以克服的无法适应社会化大生产的缺陷，难以提高生产力的发展，而农地集体化能较好地解决这一问题。故而能较好提高农地利用的绩效。

不同的农地产权制度为理性的农户提供了不同的选择方案，在不同的方案选择环境下，农户最终博弈的结果会导致不同的农地利用行为，从而产生不同的农地利用绩效[111]。

第4章　农地所有权安排对农地利用绩效的影响

“所有权”（ownership）是财产的所有人依法对自己财产所享有的占有、使用、收益和处分的一种财产权权利①。据此，“农地的所有权”就是指农地的所有人依法对农地所享有的占有、使用、收益与处分的权利，谁拥有此项权利，谁就可以实现对“农地”这一财产的占有、使用与处分，实现自身收益最大化。按照所有权的一般分类，农地所有权的主体通常为国家、集体及农户私人，相应的有国家所有、集体所有与私人所有三种模式，它们各自具有不同的特征，对农地利用主体农户的农地利用行为决策提供了不同的产权环境，产生不同的影响，最终会导致不同的农地利用绩效。

本章将基于一般农户的视角，分析不同的农地所有权主体安排对农户农地利用行为的影响，以探析不同所有制形式下农地利用绩效存在差异的原因。

4.1　农地所有制的三种形式：私有·国有·集体所有

依据农地所有权主体在国家、集体、私人间安排的不同，可将其分为

① 详见2007年3月16日第十届全国人民代表大会第五次会议通过的《中华人民共和国物权法》。

三种不同的所有制形式：农地私有、农地国有及农地集体所有，不同的所有制形式具有不同的特征，会对农户的土地利用行为产生不同的影响。

4.1.1 农地私有制

农地私有制是指农地的所有权主体为私人个人，即由个人拥有农地的财产权利，农地可以抵押、赠送、继承、转让等，其价格由市场供求和买卖双方协商来确定。

在这种所有制形式下，个人可以依据自己的需要决定如何使用这一权利。这种产权权力边界清晰，具有明确的行使排他性，农户对农地利用行为的方案选择集合有较明确的认识，因此有利于人们在农地利用时对既定权力规范下的收益或受损形成合理的预期，为农户土地利用行为的动力提供了相应的保障，从而有效地发挥产权的激励与约束作用，能提高农地资源的配置效率。由于农地的所有权归自己，农地占有者会自觉加强对农地的保护，最大限度地将农地利用中产生的环境外部性内部化。另外，农地私有的资源配置状态有利于市场机制对农地资源配置调节作用的发挥，有助于农民收入分配的规范化。

但是在私有制下，农业公共物品的供给很容易出现短缺困境，这会增加农业公共物品交易社会成本。正如保罗·鲍尔斯所言："土地大规模的私有化会使公共产品的供给变得困难。公共产品的供给必须依靠政府，资金的唯一来源是税收，但小农户产品的绝大部分用于自己消费，其货币收入无案底能查，因而，税收的征集显得困难异常"[93]。

4.1.2 农地国有化

与农地私有相比较，由国家担任农地所有权的主体，能很好地解决农地利用过程中公共产品供给问题。国家可以通过财政税收体系来解决农地利用中所需公共产品的资金源，因此能较有效地提供农地利用所需的公共产品，这也是农地国有化最大优势。另外，国有化还可以使国家能在大范围内调整土地使用，提高土地资源配置效率和集约化利用程度，从根本上避免土地资源的浪费，解决土地、环境破坏严重的问题[67]。

国家作为农地所有权的主体，拥有农地的占有、使用、收益等权利，看起来这种产权界定是明确的、排他的，但国家作为主体具有抽象性，不可能直接管理农地，需要政府代理它行使农地所有权。因此，农地国有化的产权形式具有权利归属的唯一性、权力行使的代理性、剩余索取权的不可转让性等特点，易于产生“外部性”，难以对农地的微观利用者农户产生激励作用[94]。

农地的所有权归国家，会增强农户土地利用行为决策环境的不确定性，增加农户对未来收益预期的不稳定性，使农户丧失对农地长期投资的动力，易于产生对农地的掠夺式、粗放式利用，形成农户对农地只愿意用，不愿意养的局面，如果国家不干预，最终有可能会导致水土流失、土地质量下降等严重的土地生态环境问题产生。而国家所有制下农地所有权力行使的代理性，一方面会由于设置对农户实行指派、监督、控制的各级政府管理部门而产生巨额交易成本；另一方面可能会由于代理人（各级地方政府）的利己动机及其与委托人之间的信息不对称产生逆向选择和道德风险问题[67]。

剩余索取权的不可转让性，意味着除了国家以外其他主体没有权利索取农地的剩余利益，大大降低了农户利用土地的动力，制约了农地资源利用效率的提高。

4.1.3 集体所有①

《中华人民共和国土地管理法》第八条规定，“农村和城市郊区

① 西方《产权经济学》中界定的集体产权是指产权归属于某集体，在集体中由民主投票选举的集体委员会代表全体成员行使财产的各种权利，集体委员会的成员有权在不赞成委员会决议时采取弃权的手段转让其权利，也有权按照相应程序罢免集体委员会委员。这种产权形式下，主要由委员会制定的规章制度来约束集体成员的行为，将外部性内部化。这种产权形式是建立在个人产权的基础上，而我国的集体产权则是建立在完全否定个人产权的基础上，名义上集体内成员均拥有集体的财产，但实质上财产又不属于集体中的任何个人（王占国，1998）。鉴于本书研究的目的是探究中国农地产权改革的方向，所以分析的集体产权形式中否定集体中个人产权。

的土地，除由法律规定属于国家所有的以外，均属于农民集体所有”。即由集体承担农地所有权主体身份，拥有农地的所有权。这种产权既不是“共有合作”的私人产权，也不是纯粹的国家所有权，而是一种由国家控制却由集体承受其控制结果的产权制度安排[95]。这种产权对于集体外的成员具有明确的排他性，而集体内成员则具有稳定的共享性。中国的集体所有制是国家在一定的生产力发展水平下寻求有效地在农户之间配置农地资源，激励农户高效使用农地资源的产权形式。与纯粹的农地国有制相比，集体所有权的主体范围相对较小，在一定程度上可以避免代理人造成的损害，减少交易成本，必要时还可以直接行使所有权。在一定程度上集体可以组织农户生产，提供部分农业公共产品，还可以通过集体的规章内部化农地利用的“外部性”。可见，在公共产品的提供及外部性内部化方面集体所有要优于农地完全私有。

但正如理论界多数人所认可的：当前我国农地集体所有制的致命缺陷是“产权主体不明晰”[96]。集体产权的性质决定了它的“软肋”。一方面，集体的成员均为农地所有者的一员；另一方面，单个的集体成员不是农地的所有者，只有当他与其他集体成员相结合成为一个集体时，他们才共同构成农地的所有者，这种成员共享性使集体成员都是农地所有者，又都不是集体农地所有者。导致征地时农民无法直接与征收者政府进行谈判，只能被动地接受政府出于某种利益所制定的最低补偿，导致耕地的大面积流失，挫伤农民利用农地的积极性，导致农地利用绩效下降。农地归集体所有，由村集体经济组织或者村民委员会负责经营、管理，易于产生这些组织巧借农地进行摊派和收费的风险，同样有可能挫伤农户利用农地的积极性。

从我国历史发展看，农地集体所有有两种形式：一种是集体所有、集体经营；另一种是集体所有、农户经营。在集体所有、集体经营体制下，农户土地利用行为决策环境类似于小范围的农地国有，尽管这种产权形式在提供公共产品，形成规模生产方面有一定积极作用，符合当时生产力发展的需求。但在该产权模式下，易于产生“搭便车”等外部性行为，农户利用农地的行为缺乏有效的动力机制，付出与收获不成比例，农户生产的积极性较差，对农地的利用与保护基本是一种被动行为，农地利用绩效很低。而将农地利用的所有权与使用权分开，农地归集体所有，由农户享有一定年限的经营权，使农户对农地利用的收益有相对明确的预期，有了一定的利用农地动力，能较好地提高农地利用的绩效，特别是经济绩效。我国家庭联产承包责任制的实施效果正是对这一结论的最好证明。

4.2 农户土地利用行为动机及其决策模型

农户利用土地是一种有目的的行为，而实现这一目的成为其利用农地的行为动机。为了实现这一目的，农户需要在农地产权制度、资源禀赋与农地利用技术①等外部条件所提供的利用方案集中进行选择，理性的农户往往会选择自己认为效用最大的方案[92]。

4.2.1 农户土地利用行为的动机与目标

结合《经济学百科辞典》、我国农业普查的统计口径及本书研究的目的，可以将“农户”界定为“以血缘和婚姻关系为基础组成的户口在农村且从事农业生产经营活动的农村家庭”。“农户”概念可以分为个体和群体，研究中“农户”指群体意义农户。所谓的农户土地利用行为是指一定时期内大部分农户的土地利用行为[97]。经济学在研究人类行为时，其研究方法的显著特征是以人的行为是理性为基本的前提，即“行为决策者在面临几个可供选择的方案时，总会选择一个令其效用获得最大满足的方案”[92]，本书所研究的农户

① 从理论上讲，决定农户农地利用选择方案的外部条件主要为农地产权制度、土地资源禀赋和农地利用相关技术发展。由于土地资源具有天赋秉性，而技术的突破需要一定的时间积累，因此在技术与资源一定的前提下，影响农户选择农地利用方案的因素主要是农地产权制度（产权结构的外在表现）。结合本书研究的重点，这里对外部条件的分析主要是农地产权制度，但并不意味着否认资源禀赋与技术的影响。

正是基于这一基本的前提假设，是有限理性的行为人。

行为是指行为主体为了实现一定的目的而采取的一系列活动。农户土地利用行为指农户在一定的社会经济环境下，为了实现自身的利益而对土地进行的长期或周期性经营活动，也可以看作是在土地利用过程中对外部环境经济信号做出的反应，其过程由行为动机、行为目标与行为决策组成[98]；从内容上看农户的土地利用行为主要包括农地投入、农地保护及土地流转等行为。农地的投入行为是指农户为了实现满足家庭消费或获得生产经营利润的目标，在农地利用中投入劳动力和资本等生产要素进行农业生产的土地利用行为。投入的劳动力主要包括自己家庭劳动力和雇佣劳动力，资本主要包括农业机械、化肥、农药等[99]。农地具有经济、生态与社会三大功能，因此从本质上讲，农地保护就是适应社会生产力的发展，合理利用农地，保护农地的三大功能能够协调发挥作用，满足人类及其后代生存发展的需要，主要涉及对农地数量、质量和环境保护[100]。农地流转实际上是指农地使用权的流通和转让，是拥有农地承包经营权的农民出于一定的目的，将农地使用权从经营权中分离出来，转让给其他农民或经济组织的行为。具体的形式包括出租、转包、转让、互换、入股等[101]。研究中的农地流转主要指农地使用权在农户之间流转。

人从事任何活动都有一定的原因，这个原因就是人的行为动机，它能产生一股动力，引起人们的行动，并使这种行动朝一定方向进行。动机是个体的内在过程，行为是这种内在过程的结果。动机产生于行为主体存在的内在条件（需要）和外在条件（外在刺激即诱因）[102]。农户需要依靠农业来获得生存所需要的食物及发展所需要收入，而农地是农业发展的基本载体，这种递推的需要是农户土地利用行为发生的内在动机。一定程度上，可以认定为利益动机，否则农户不愿意对外部刺激做出反应；在内在需求的基础上，如果外部条件允许农户具有做出土地利用方式选择的权力，提供农户接受外界信号的畅通信息流通渠道。那么，农户就会产生基于他自身需求与外界刺激共同作用的土地利用行为[98]。行为是有目标的，这种目标可以转化为内在的动机。

农户土地利用动机决定了其利用农地的目标是："在一定的条件下，追求自身的最大利益"。尽管不同的生产力发展阶段，不同类别农户利用农地的具体目标有一定差异。例如，有关学者按照农地产权与农户行为的不同特征等因素，将不同生产力发展水平下的农户分为"物质生存""物质生存兼利润优化""利润最大化""景观效用最大化"四种类型[103]。

不同类型的农户利用农地的目标不同，土地利用行为也存在一定的差异。其中，物质生存型农户利用农地的目标是最大限度地满足家庭的生物需求。此时，农户在农地投入方面的决策主要依据是如何以最少的劳动力投入获得最大生物满足。农地保护行为极其有限，主要表现为数量保护方面，保护主体为农户个体；"物质生存兼利润优化"型农户利用农地的目标是寻求家庭生物需求的满足与利润增加之间的均衡，对农地的投入则由追求较少的劳动投入转向寻求劳动及其他投入要素边际投入产出均衡，但总的来讲，他们的主要经济目标都是实现自身效用最大化。此时，农地的保护成为国家一项国策，主要靠国家干预保护，保护的内容包括农地数量、质量及环境方面；随着生产力的发展，基于对规模经济的考虑农户会产生农地流转意愿。"利润最大化"型农户其土地利用的目标是追求利润最大化，按照利润最大化的原则（边际投入等于边际产出）对劳动力、资金等投入要素进行分配；对农地经济功能的强调弱化了其生态功能发挥，农地保护成为一项严峻的任务；该阶段农地流转成为农户一种强烈的需求。"景观效用最大化"农户利用农地的目标是提供丰富的农地景观，满足人们的精神需求。该阶段无论是农地投入、保护及流转行为均注重农地经济、社会与生态功能的协调发展。

尽管不同类型的农户利用农地的具体目标不同，行为存在一定差异，但也不乏共性。首先，农户对农地的利用均是挖掘、发挥农地经济、社会与生态功能的过程。而且经济功能是基本的、主要的功能。其次，无论是哪一类型的农户，其利用农地的出发点均为满足自身利益需求，追求效用的最大化。按照辛格（Singh）等的观点在研究农户行为时，可以通过假设完备的劳动力市场，将农户追求效用最大化的农地利用行为转化为利润最大化行为来研究[104]。借鉴前人的研究成果，研究在假设劳动力市场完备的条件下，认为农户利用农地的目标是追求自身利益的最大化。最后，通过不同类型农户的土地利用行为可以看出，随着生产力发展，农户利用农地的行为越来越趋于理性。下面对农户土地利用行为的分析是基于以上共性的一般意义地分析。

4.2.2　农户土地利用决策模型分析

作为追求自身利益最大化的“经济组织”，农户在利用农地时首先考虑的是在政策允许的情况下“生产什么”？即依据农地利用的目标结合资源的禀赋选择满足自身需求的农地利用渠道，是选择种植农作物还是放牧等。如果种植农作物应该种植哪种农作物？农户的选择结果将决定农地利用结构状态，而不同农地利用结构状态对农地质量的保持，如对土壤的侵蚀有不同的影响。其次考虑的是“如何生产”？此时，农户需要在一定的约束条件下，寻求最优的生产要素投入组合，以实现利益最大化。为此，农户需要在农地面积、资本、劳动力等农地生产投入要素中进行不同组合的选择，选择的结果不仅关系农户生产的效率，农户自身利用农地目标地实现，同样会影响农地数量、质量的变化，由于各生产要素之间在一定程度上可以相互替代，那么要素之间的组合就会影响到农地利用面积的变化，同样资本要素中农药、化肥的投入量也会影响农地的质量。最后要考虑“生产多少的问题”？此阶段农户将依据自身所拥有的资源及市场对农产品的需求，在利润最大化原则下确定生产的产量，主要涉及各生产要素投入数量的确定。此阶段对农地利用结果的影响类似于上述第二个问题的分析，农地面积、资本等要素投入数量不同，对农地流转与农地保护会产生不同的影响。

农户是农地利用的最终（或直接）决策者，他们会在（内）外部条件的约束下①，立足于农地利用目标，在解决上述三个问题的过程中，进行不同农地利用方案的选择，而不同的选择结果，会导致不同的农地利用绩效。

线性规划是借助线性函数来寻求“一定的约束条件下，解决某一问题的最优方案”的方法论，由于线性规划模型比较简单，理论与方法都比较成熟，因此在农户生产决策行为中被广泛应用[105-109]。依据农户生产理论分析，结合线性规划方法论，在前人研究的基础上，可建立以下农户土地利用决策模型。

$$\mathrm{Max}Z = \sum_{i=1}^{n} R_i X_{si} + \sum_{i=1}^{n} R'_i X_{li} + \sum_{i=1}^{n} R''_i X_{ci}$$

$$\mathrm{s.\ t} \sum_{i=1}^{n} X_{si} \leqslant S$$

$$\sum_{i=1}^{n} X_{li} \leqslant L$$

$$\sum_{i=1}^{n} X_{ci} \leqslant C$$

$$X_{si} \geqslant 0, X_{li} \geqslant 0, X_{ci} \geqslant 0 (i = 1,2,3,4,5,\cdots,n) \qquad (4-1)$$

其中，R 代表利润，R_i 表示第 i 种用途的农地单位利润②，R'_i 表示第 i 个劳动力单位劳动时间的利润③，R''_i 表示第 i 种资本单位利润④；X_{si} 代表第 i 种用途的农地使用面积，X_{li} 代表第 i 个劳动力所花费的劳动时间，X_{ci} 代表第 i 种资本的使用量；S、L 与 C 分别表示

① 就外部条件而言，主要包括农地产权制度、农地利用相关技术、资源禀赋，对某一区域研究对象而言，由于农地的资源禀赋相对比较稳定，可不予以考虑，而技术的发展也有一个相对时间段，同时考虑到一定的技术条件下，生产中投入与产出关系是既定的，故可以用投入与产出关系来表示一定时期技术水平，侧重分析产权制度的变化对农户决策的影响；从内部条件看，农户自身的素质、家庭结构等均会影响农户决策的结果，这里分析的是具有某一区域普遍特征的一般意义的农户，故可用该地区农户的指标均值来代表。

② 农地用途既可以指农、林、牧、渔等不同类型的区别，也可表示农地上种植的作物不同，如小麦与苹果等，实际应用时，可依据现实确定不同用途内涵。

③ 这里的劳动力包括农户家庭劳动力及雇佣劳动力。

④ 这里的资本包括农业机械、农药、化肥等类型农业生产资本。

某一农户家庭所使用的农地总面积、劳动力时间约束、所拥有的资本总量；目标函数 Z 为相应约束条件下农户可以获得的最大利润。

此模型可以反映农户在一定条件下的决策过程。在不同的农地产权所有制所提供的不同决策环境下，农户会在自己多年生产经验的基础上，结合决策环境中所拥有的决策权力的大小及所获得的农产品相关市场的信息，在不超出他所使用的农地面积、劳动力时间限制及所拥有的资本总量的前提下，选择能使其收益最大的农地利用要素的投入数量及要素组合，从而会对农地保护、投入、流转行为产生一定的影响，最终导致农地不同的利用绩效。

4.3　不同的所有权安排下农户土地利用行为选择

农地产权制度界定了人们在利用农地时，哪些行为是允许做的，哪些是不允许做的，通过这些规则对农户的农地利用行为产生激励导向，来影响其行为决策。作为农地利用的主体，面对不同的产权制度，基于自身效用最大化，农户会做出不同的反应，选择不同的农地利用方式与强度，进而会导致不同的农地利用绩效。

产权性质不同，其功能发挥作用的程度也不同，对行为主体的行为动机、行为目标及决策会产生不同的影响。农地产权制度对农户土地利用行为的影响主要表现在两个方面：一是该制度产权安排的完整性，主要包括排他的使用权、独享的收益权、自由的转让权；二是农地产权实现的经济组织的结构形式。这种结构形式将决定组织对努力与报酬的计量能力，如果组织既能实现成员间合作生产发挥各自专业优势，提高生产绩效，又能合理确定各成员的投入与产出，明确各自报酬预期，那么这一组织形式就是有效的，因为它能激励成员合作努力[110]。农业生产的监督成本大，监督起来很困难。阿尔钦和登姆塞茨认为："在一个队中，如果对努力的计量不完全，劳动的激励就比较低，而农业生产由于它的季节性和空间散布，使在农业生产中对劳动努力的监督非常困难”。产权制度的变化还会影响收入分配制度，从而影响农民的努力程度[92]。

4.3.1 农地私有时农户土地利用行为选择及对农地利用绩效影响

在私有制下，农地产权边界清晰，农户拥有农地的所有权，这种明确的权利界定，能在很大程度上将农地利用中外部性内部化；在此基础上，农户也拥有了完整的产权，即对农地享有排他的使用权，独立的收益权和自由的转让权。在这种产权制度下，排他的使用权以及独享的收益权能为农户的努力与收益的一致性提供明确的预期，能极大地调动农户利用土地满足效用的积极性，而农地自由转让的权利将促使农地资源能投入最有价值的地方。另外，这种单一的农地产权实现的经济组织形式虽能清晰地计算农户个体组织的投入与产出，但它对合作生产力作用的发挥有一定局限，如在公共产品提供上。

通过对农户土地利用行为动机的分析，可以看出，产权对农地利用动机的影响主要在于动机产生的外在刺激诱因。在私有制下，农户具有选择土地利用方式、强度的权力，因此，为了实现自身效用最大化的农地利用目标，在农地投入、农地保护、农地流转过程中农户会呈现出以下的决策行为。

拥有较完整的产权意味着理性的农户拥有依据边际收益等于边际成本的价值①最大化原则进行农户投入决策的权力。农户对农地的投入行为取决于两个方面：一是是否愿意投资，二是是否有能力投资。在私有产权下，农户享有独立的收益权，只要对农地投入的预期收益大于成本即有效用或利润大于零，农户就愿意投入；在私有产权下，由于收益独享，基于追求效用最大化的目的，农户会积极

① 与利润最大化相比，价值最大化会考虑时间因素。长期利润最大化，指未来预期利润的现值之和，此处强调考虑要素的投入量对环境的影响。

地尽最大可能在自身所拥有的资源的限制条件下，最大可能地寻找要素之间的最优组合与最优投入量。其决策过程如图 4 –1 所示。

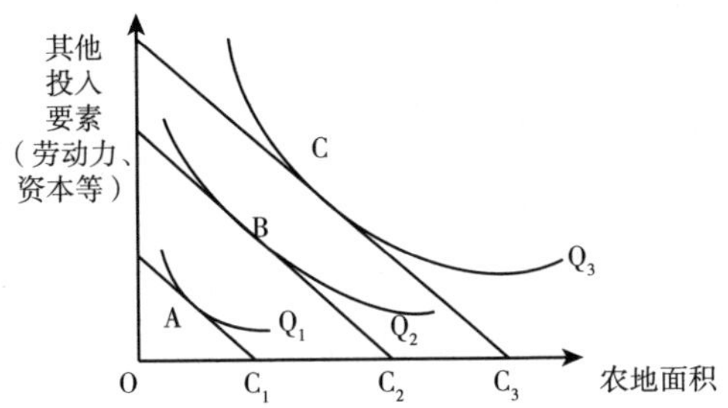

图 4 –1　私有制下农户土地利用行为决策

图 4 –1 中横轴表示农户生产时投入的农地面积，纵轴表示农地利用中投入的劳动力、资本等其他投入要素，Q_1、Q_2、Q_3 为等产量曲线，各自代表一定的产量水平下投入要素之间的不同组合，C_1、C_2、C_3 为已知等成本曲线，A、B、C 是各等成本曲线与等产量曲线的切点，对应的投入要素组合是各产量水平上投入要素之间的最优组合。即当成本一定时，产量最大，或当产量一定时，成本最低，价值最大化要素组合存在于其中某一产量水平。因此，农地产权私有制对经济性产权如使用权、收益权等具有明显的激励导向。

作为一种特殊的生产资源，农地自身是不可再生的，但只要保护得当，其生产力却是可以再生的。所谓保护得当，是指农地利用时应该适应社会生产力的发展需要，协调其经济、生态及社会三大功能，保护农地数量、质量和生态环境以满足人类及其后代生存发展的需要。农户利用农地的目标是追求自身利益的最大化，在私有制下，尽管为了实现自身目标，农户也会在一定程度上保护农地，如合理施肥，防止过度施肥对环境造成危害等。但由于小农身份的制约，以及对农地保护内涵认识的局限，一方面，可能在追求自身利益最大化的过程中将个人成本转化为社会成本，如对某些农药的使用有可能对农作物有益，却会对环境造成一定危害，产生农地利用“外部性”。另一方面，即便意识到农地保护的重要性，农户个体的保护能力也是有限的，调研中在回答“您目前保护农用地的措施是什么?”这一问题时，农民普遍的回答是施化肥、除草，甚至一部分人说不清楚。因此，在私有制下，难以做到对农地的科学保护，故可以假设，对相关公共产品的提供，特别是农地利用生态绩效，私有制具有不可避免的弊端。追求利润最大化的生产者不愿意自己承担成本提供他人可以免费使用的良好的生态环境，对这类产品只能靠市场以外的力量来提供。图4－2显示了“外部性”对资源配置的影响。农地资源生产社会的边际成本（MC＋ME）高于私人的边际成本（MC)，社会的边际成本曲线（虚线）位于私人边际成本曲线（实线）之上，图4－2中ME表示由于增加一单位生产所引起的社会其他人所增加的成本，为了追求最大化利益，农地所有者会将产量确定在Q_2处，而社会利益达到最大的产量应该在Q_1处，故“负外部性”会造成农地产品过多，形成资源浪费。反之，“正的外部性”会导致整个社会农地产品不足。外部效应除了影响社会经济效率之外，还会导致成本或报酬分担不合理，从而会妨碍社会的公平，需要靠市场以外的力量来消除“外部性”[111]。因此，私有制自身不利于提高农地利用生态绩效。

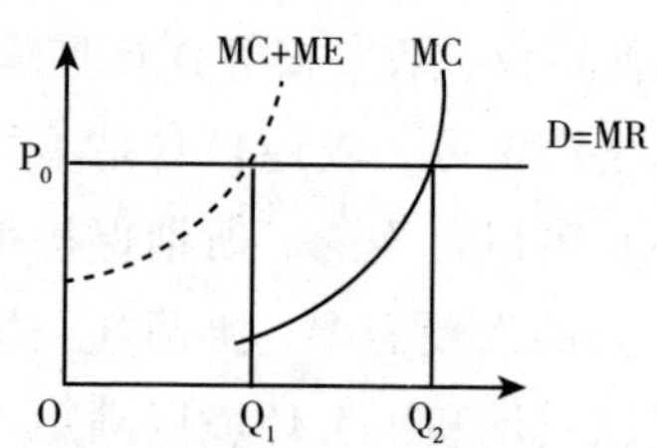

图4－2 “负外部性”对资源配置影响

在私有制下，农户拥有土地转让权利，能在追求价值最大化目标的驱动下，依据价值最大化原则来确定生产所需的农地面积。当其自身所拥有的农地面积小于生产所需要的面积时，农户会产生农地转入的需求，这时如果有农户愿意转出农地面积，农地就能实现流转。因此，在私有制下，农地能自由流转，这一方面可以将农地利用到最有价值的地方，另一方面也可以促进农业规模效益的产生。图 4 – 3 可以表示私有制下农户之间分配农地面积的过程，横轴表示农地面积 S，纵轴表示农户生产的边际成本 MC，假设有 A、B 两个农户，两者所拥有的农地面积之和为农地总面积 S，当农户 A 增加一单位面积所增加的成本 MC_A 大于农户 B 的 MC_B 时，农户 A 会减少农地面积（意味着 B 的农地面积会增加），以增加利润，同样当 MC_A 小于 MC_B 时，B 会减少农地面积（意味着 A 的农地面积会增加），只有当 MC_A 与 MC_B 相等时，农户 A、B 的利润均达到最大，不再有农地流转行为发生。可见，私有制对农户土地流转行为有良好的激励导向，有利于农地利用经济绩效及社会绩效的提高。

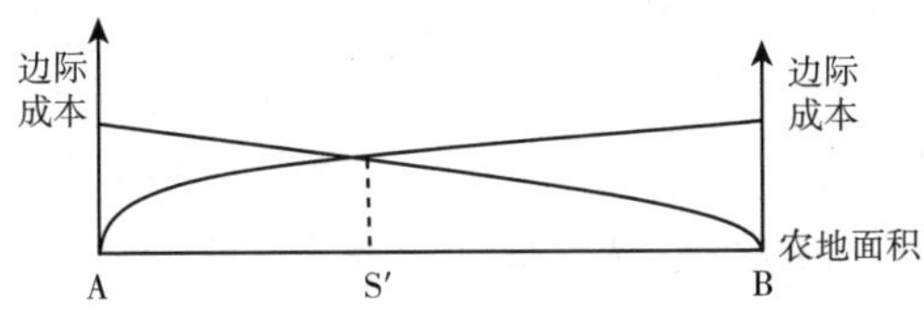

图 4 – 3　私有制下农户农地面积的流转

4.3.2　农地国有时农户土地利用行为选择及对农地利用绩效影响

农地国有是农地所有权的另一种极端形式。在此形式下，国家拥有农地的占有、使用、收益与转让权利。尽管国家拥有农地的使用、收益、转让权意味着这是一种较完整的产权，但国家不可能直接利用农地，只能委托农户去经营农地。因此农地直接利用者农户拥有部分的农地使用权与收益权，农地利用决策的环境不明确，农户土地利用预期收益与努力程度不具有一致性，故对农户合理利用土地的行为激励作用较差。虽然这种产权的组织形式由于规模较大很难清晰计算土地利用中农户的投入与产出，难以发挥对农户努力的激励作用。但却能很好地发挥合作生产的优势，国家能较好地从宏观上实现对农地利用的调控，可以利用税收体系解决农地利用中相关公共产品的供应问题，特别是良好的生态环境供给。与个体农户相比较，国家不仅对农地保护有足够的认识，而且完全有能力保护农地。

在国有产权形式下，农户土地利用动机产生的外在刺激诱因并不明显。农户在土地利用方式、利用强度的选择方面权力有限，因此，尽管农户农地利用的目标为追求自身利益（或效用）最大化，但由于选择权利受限，其在农地投入、保护与流转行为中的决策与私有制相比存在较大的差异。

在国有产权下，农户所拥有的投资决策权的残缺，使农户在投资决策时，只有当其自身所享有的预期收益大于成本时，他才愿意投资，此时农地的预期收益为国家预期收益与农户预期收益之和。显然，与私有制下相比，农户的投资意愿降低。由于对未来预期的不确定，农户在投资时，追求的是短期利润（或效用）最大化，尽管他也会依据以往的经验寻求最优的要素组合，但此时，农户考虑更多的是眼前的利益（或效用），从而产生短期的投资行为，即较少考虑过度的要素投入对农地生产力潜在的破坏，而是一味地追求利润最大化，只愿意用地而不愿意养地，结果会破坏农地生产力再生。可见，国有产权对农户经济性产权具有负的激励效应，不利于农地利用经济绩效的提高。

国有产权所有制的组织形式最大的优点就在于能发挥合作生产的优势。在此产权形式下，国家可以通过税收体系提供农户不愿意自己承担成本而由他人免费使用的公共产品，将农地利用中产生的外部性内部化，以提供良好的生态环境，引导农户合理利用农地，实现农地在数量、质量和生态方面的保护。因此，国有产权所有制形式在提高农地生态绩效方面具有得天独厚的优势。

在国有产权下，农户并不具有农地转让的权力，也就谈不上农地流转行为，农户只能在自己所拥有的农地面积限制条件下进行土地生产要素投入量地确定，这在很大程度上降低了农地资源的利用效率。

4.3.3 农地集体所有时农户土地利用行为选择及对农地利用绩效影响

集体产权是介于私人与国有之间的一种产权形式，由集体享有农地的所有权，集体或农户享有农地的使用权、收益权及转让权利。当农户享有农地的使用权、收益权及转让权时，这种产权可称为相对较完整的产权，正如前面对私有制下农户土地利用行为决策的分析，相对较完整的产权能激励农户土地利用行为，提高农地资源利用效率。可见，集体产权不仅吸纳了私有制对农户的激励效应，还吸收了国有制在提供公共产品方面的优势。当然若农户所享有的产权不完整，如只享有部分的使用权、收益权、转让权时，产权对农户的激励作用就不及完整的产权的激励效应大。所以这种产权的组织形式虽易于计量农户的投入与产出，对农户具有较大的正激励效应，但对组织管理体制要求较高。在此形式下，虽然集体产权对集体以外的人员具有排他性，但内部成员只有在一定条件下（即当他与集体内其他成员成为一个集体时）才是农地所有者，否则就不享有农地所有权。一旦管理体制存在较大漏洞，那么这种产权就会出现“产权主体不清”的弊端，很大程度上会打击农户利用土地的积极性。

在集体产权下，若诱导农户利用农地动机的外部因素较强，那么农户利用农地的动机就比较明显。随着农户所享有的使用权稳定性增强，收益权限扩大，转让权不断完善，出于对自身长远利益的考虑，农户在农地保护、农地流转及投入行为中均会做出“最优决策”①。

在集体产权下，农户若拥有较完整的农地利用决策权，在实现价值最大化目标过程中，他也会基于自己以往的经验，像私有制下农户一样，在自身所拥有资源的约束条件下，寻求要素间最优的组

① 自己认为的、主观上认可的最优决策。

合。要素投入量的这种最优组合，不仅考虑短期利润（或效用）最大化，同样会考虑长期利润最大化，如某种农药本身或其投入量对土壤潜在及现实的影响。在集体产权下，随着农户所拥有产权完整性地不断提高，产权对农户农地投入行为的激励越来越大。

在农地保护方面，集体所有制下若农户拥有农地的使用权和收益权，出于自身利益考虑，他会在一定程度上考虑保护农地，或者说有保护农地的意识。但其对农地的保护程度，受其所拥有权限的完整性、自身对农地保护意识认识及保护能力的制约。此时，集体组织可以发挥在农地保护方面优势。集体组织是国家的行政机构，可以部分地承担国家在农地保护方面的职能。同样，这种职能发挥作用的大小与集体组织管理体制完善程度有很大关联，集体管理体制越完善，它在这方面发挥作用越强。因此，集体所有制对农地保护具有一定激励效应，有利于农地利用生态绩效提高，但效应的高低与其管理体制的完善程度有关。

在我国现行集体所有制下，农户具有转让土地使用权的权利，可以自由地转让土地使用权。尽管与私有制下农户自由的转让农地相比，转让土地使用权的权限相对较弱，但这并不影响农地从有流出需求的农户手中转入有流入需求的农户手中，完全可以实现将农地使用到最有价值的地方及实现农业规模效益的农地流转目标。因此，集体所有制对农地流转与私有制一样具有良好的激励效应。

4.4 本章小结：一个假设性结论

不同性质的农地产权（农地归私人所有、国家所有、集体所有）对农地利用主体农户土地利用行为动机、目标会产生不同的影响，进而影响农户土地利用行为（主要为对农地投入行为、保护行为、农地流转行为）的选择，不同的选择会导致农地不同的利用绩效（经济绩效、生态绩效及社会绩效）。相应的产权安排方面，私有制能最大限度地激励经济性产权体系，如使用权、耕作权、地上权、地下权、抵押权、租赁权等；国有制对生态性产权体系如所有权有着不同寻常的激励作用[20]，而集体所有制对不同性质产权作用介于国家所有与私人所有之间，作用的发挥程度与这种组织形式管理体制的完善程度有关（详见表 4－1）。因此，可以得出如下假设：“农地所有权的不同安排会影响农户土地利用行为的选择，导致农地利用产生不同的绩效。其中，农地私有制有利于农地利用经济绩效的提高；国有制有利于农地利用生态绩效的提高；而集体所有制对农地利用绩效作用的发挥，有赖于其组织形式的完善程度”。

表 4－1　　不同性质产权对农户土地利用行为影响

名　称	农地投入	农地保护	农地流转	评　价
私有制	激励长期投入	缺　陷	正激励效应	适用于经济性产权体系
国家所有	鼓励短期投入	得天独厚优势	无效应	适用于生态型产权体系
集体所有	激励长期投入	有一定优势	正激励效应	对不同性质产权体系作用有赖于该组织形式管理体制完善程度

第5章　农地使用权与农地利用绩效

根本上，土地的产权是以所有权为基础，使用权为核心并反映其权能及交易过程中所体现的个人或社会收益、受损的权益关系的[133]。从前面的分析可以看出，农地所有权主体的不同安排，会通过影响农户土地利用行为，产生不同的农地利用绩效。从理论上分析，私有的所有权性质适用于经济性的产权体系，而国有性质所有权适于保护农地生态绩效，介于私人与国有之间的集体所有权性质对不同性质产权体系（经济、生态、社会）的作用有赖于其组织管理体系完善程度。认识所有权性质对农地利用绩效的作用有助于我们从提高农地利用绩效的角度合理安排农地利用所有权主体。但显然农地的直接利用者是农户，而不一定是农地的所有者。因此，对农地使用权的安排才是农地产权体系的核心，是与农地利用绩效直接相关的权利体系。因此，本章将从微观的角度分析农地使用权的不同安排对农户土地利用绩效作用。

农地的使用权是农地的使用者遵照相应的规则对既定的农地进行实际利用的权利[113]。不同的生产力发展阶段、不同的社会性质及不同的农地所有制下，农地使用权的安排是不同的，主要表现在使用权权能的界定及使用权的稳定性两方面，这种不同的安排反映了不同的社会阶级关系和产品分配关系[114]。不同的农地使用权安排下农户利用农地的权限不同，会直接影响他们利用农地的动机，导致他们选择不同的土地利用方案，因而会产生不同的农地利用绩效。因此，分析不同农地使用权安排下农户土地利用行为的选择是探索合理的农地使用权安排、提高农地利用绩效的源头所在。

5.1　使用权权能的界定对农户土地利用行为及农地利用绩效影响

毋庸置疑，农地使用权的主体应该是农地的直接利用者农户。由于农地的使用权是一种用益物权，即对他人所有物品占有、使用、收益的权力，因此农户对农地使用权拥有的完整程度取决于所有者的赋权，而使用权权限的大小及其确定性（立法保障）会直接影响农户利用农地的动机与行为，导致农地不同的利用绩效。

5.1.1　农地使用权权能界定及其对农户土地利用动机影响

所谓农地使用权的权能界定可以理解为对农地使用权主体身份、权利广度的清楚界定及相关法规对此的保障，即在农地使用中，谁享有多大的什么权利，权利如何保障？

“谁享有农地使用权”是对农地利用主体身份的界定。从理论上讲，农户是土地的直接使用者，在不改变土地用途的前提下，谁来使用、如何使用、如何使用最有效，决策主体应该是农户自己[①]，因此，应该彻底地将农地的使用权交付于农民。我国《土地管理法》第 14、第 15 条规定，农地使用权的主体为本集体经济组织成员及本集体经济组织以外的单位和个人（但本集体经济组织以外的人取得农地使用权有一个条件，即必须经村民会议 2/3 以上成员或者 2/3 以上村民代表同意，并报乡（镇）人民政府批准，才可享有这一权利）。

“多大的什么权利”是对农地使用权权能广度界定，即农户在多

① 摘录于著名经济学家迟福林的谈话语录。

大程度上拥有哪些使用权权利，换句话说就是“使用权权利束包括哪些内容”。《中华人民共和国农村土地承包经营法》中明确规定了我国农地使用权（承包经营权）的权能广度：农户依法享有承包地使用权、使用权的继承权、使用权的抵押权、使用权的转让权、收益权等。

相关法规对权能的保障也是农地使用权确定性的保障，对农地使用权立法的主要目的是确立农民对土地的产权关系[115]。如果产权安排得很合理，权利界定得非常清楚，却没有法律保障它的实施。那么，对产权主体而言，这种安排无异于一张废纸。可见，农地使用权的合理安排需要相应的法律法规来保障其实施。

对农地使用权能的不同界定，会对农户土地利用动机的产生提供不同的外在刺激效应，影响农户土地利用行为动机产生的明确程度。首先，如果农户被确认为农地使用权的主体，那么他就可以按照自己的意愿经营使用农地。无疑，这时的农户具备了选择使用哪种方式利用农地的权利，这一点是非常重要的。当然，这种主体身份确认得越彻底，越有利于农地资源的高效使用。如有学者认为，我国对农地使用权主体身份的限制，在一定程度上阻碍了农业规模化经营形成[116]。其次，农户所拥有的使用权的广度界定得越明确，农户对外界信息的反馈行为力度越大。换句话说，农地使用权的权力越大越明确，农户土地利用行为的强度越大、速度越快。最后，对农地使用权制度的立法保障使农户对农地使用权权能大小、内容有一个明确的认识，即通过产权制度立法保障为农户传递了明确的农地使用信息流，这时在内部需求的利益诱导与外在刺激下，农户会自愿地利用农地来实现自身的效应需求，产生土地利用行为。值得一提的是“主体身份、权能广度与立法保障程度不同，对农户利用农地行为动机的外在刺激效应不同，农户土地利用行为的强度与速度不同。农户作为农地使用权主体身份界定越彻底，拥有的使用权权力越大，立法越有保障，农户土地利用行为产生的可能性越大”。

5.1.2 不同使用权权能下农户土地利用行为选择及农地利用绩效

如前所述，将农户界定为农地使用权的主体，给予农户充分清晰的使用农地的权利，并以立法的形式予以坚决地保护，能使农户产生利用农地的强烈动机。动机是行为产生的原因，动机会诱使行为按照一定的方向进行。不同的农地使用权权限下，农户在既定约束条件下，依据以往的经营经验和农产品市场相关信息进行经营决策过程中，所拥有的土地使用权权力的大小会不同。为了实现收益最大化的目标，农户会做出不同的农地利用方案选择，自然，这种选择会导致不同的农地利用绩效。

在不同的农地使用权权能界定下，农地使用权主体身份界定不同。当农地使用权的主体非农户时，农户对土地利用持消极的态度，很难产生自愿行为，即便有相应行为，也是出于某种被迫的原因，如奴隶社会奴隶的土地利用行为。只有当农地使用权的主体为农户时，农户才会自愿去利用土地，以满足自身生存发展的需要，自主的农地利用行为才会发生。而且对农户这一土地使用权主体身份的限制越少，越有助于将农地使用到价值更高的地方，越有利于发挥农地的利用价值。如我国农地使用权主体为本集体成员，而对集体以外的农户使用本集体农地有一定限制条件。在一个人少地多的区域，由于这种限制，可能会导致一部分农地荒芜或只能由本集体内经营水平不高的农户经营，而集体外即便有经营水平较高且又有经营意愿的农户，也会由于成员权的限制而无法耕种使用效率低或荒芜的耕地；如果没有这种限制，农地就可能更易于流转到使用价值更高的地方，利用绩效可能更高。

农地使用权权能不同意味着农地利用主体拥有的使用农地的权利及权利的大小不同。农地使用权作为一种产权束，其权能的广度是随着生产力的发展和人们认识的不断深入而变化的。在适应生产力的前提下，这种权利束包含的权能越多，界定的越清晰，意味着农户享有的使用权权利越大，越有利于其对未来收益的预期，农户在经营农地过程中决策环境越明确，越有利于产权的激励与约束功能的发挥。如在农地利用过程中，若农户有转让农地使用权的权利，那么在收益最大化目标下，在有比经营农地收益更高选择时，他会选择将农地转让给他人使用；若他不享有此项权利，他只能选择继续耕种或放弃更好的选择，显然与之前选择相比，农户利用农地的效率要低得多，相应的绩效也低于享有流转权时的农地利用绩效。

对农地使用权权能的立法保护是农地利用主体真正享有这些权利的保障。只有在立法的保护下，才能真正确立农户对农地的产权关系，正如恩格斯所言“人们只有在能自由地支配自身、行动和财产并且处于平等地位时，才有可能缔结契约”[117] 如果农户的合法权益得不到保障，那么产权就无法发挥其特有的界区、激励与约束农户土地利用行为、内部化农地利用中“外部性”、配置农地资源与调节农户收入的功能，也就很难发挥产权制度本身引导农户合理利用农地的“指挥棒”作用，自然也就无从谈及对农地利用绩效的正面影响。

农户对农地的投入行为由投入意愿与投入行为决策两部分组成。在农地利用主体身份被确定、所享有的使用权利被保障的前提下，当农户预期的收益大于投资而又没有其他更好的投资项目时，农户会产生对农地投入的意愿。而其对投资方案的选择则是农户在价值最大化目标下，结合自身所拥有的资源、参考以往的相关经验与信息，在所享有的农地使用权权限下博弈的结果。当农户享有排他的、可分解的、可转让的使用农地权限时，理性的农户会在产权赋予他可选择的范围内，最大限度地选择使其获得价值①最大的要素投入数量及组合，包括农地面积、劳动力、机械与化肥农药等资本。在不改变农地用途的前提下，如果农户享有农地使用权的抵押权，那么它可能会将一部分农地使用权抵押，用获得的资金使用成本较高但

① 这里使用“价值”指标而不是“利润”指标，是因为价值是指未来预期利润的现值之和，意即除了短期利润外，还要考虑投资风险，追求的是长期利润。

更环保的化肥投入农地利用过程中，虽然短期的成本会增加，但可能更有利于对农地的保护，长期利润会增加。当然，在同样的情况下，若不享有使用权的抵押权，那么他可能会由于资金不足选择成本低对土壤生产力有一定破坏作用的化肥投入。从短期看，他生产投入的成本较低，短期利润增加，农地利用经济绩效增加，但生态绩效却会降低，而且土壤的生产力一旦破坏严重，有可能很难恢复，这种损失应该说是巨大的。

对农地的保护行为其实质是农地利用时对生态绩效、经济绩效与社会绩效之间的协调，使农地的生产力在满足当代人生存发展的同时，也能满足子孙后代生存发展的需要。按照研究的前提假设，理性的农户利用农地的目的是追求自身收益的最大化。为此，在一定约束条件下，他会选择一种自认为收益最大的农地利用方案，这种既定的农地利用方案决定了他利用农地的方式、强度及农地利用的绩效。就农户自身而言，他首先注重的是农地的经济绩效与社会绩效，最后才是生态绩效，他对农地数量、质量与生态环境的保护从属于从农地获得的经济利益。换句话说，农户保护农地采取的措施及实施措施的程度与他对农地保护所带来的预期经济利益有关，保护农地的行为从属于从农地获取收益行为。只有当农户意识到对农地数量、质量及生态环境的破坏会对农业生产带来不良影响，而且这种不良影响的后果要由他自己承担时，他才会产生保护农地的行为，一般他会通过保护农地数量、调整农业产业结构、改变资本的投入方式与方向等措施来保护农地。上述观点在我们的实际调研中得到了证实，在回答“您利用农地的目的”这一问题时，92%的人选择尽可能获取最大收益，其余选择生产粮食与尽可能获取最大收益；在“利用农地时，您首先会考虑什么?”几乎所有农户选择经济收益；“在利用农地时，您会考虑那些因素?”这一问题的回答中，95%的人选择综合考虑经济利益、环境保护与农地保护，这说明农户在利用农地时首先考虑的是经济利益，出于对经济利益的追求，他会考虑保护环境和农地。在既定的约束条件下，当农户享有较完整的、排他的农地使用权时，他会选择回报周期长，有利于农地生产潜力发挥的农地利用方式；而一旦农户对农地使用权的确定性没有信心，他就会对农地进行掠夺式利用。例如，为提高农地的短期产出，农户会采取过度施肥、喷洒农药、增加灌溉面积等措施，但这样会引起土壤板结、盐渍化，导致农地生态绩效降低。从长期看，会使农地利用的经济、生态、社会绩效全面下降。

农户土地流转行为是农地使用权在农户之间转让与流通的行为，允许农地使用权在农户之间流转，意味着农地的使用权在市场经济社会中成为一种独立的具有交换价值资产，拥有它可以取得相应的利润，转让它需要等价的补偿①。通过土地使用权的流转，不仅可以避免或减少种“应付田”和抛荒弃耕的现象；而且可以扩大土地的生产经营规模，实现农业经营的规模效益；能促使尽可能多的土地转入良好的生产经营条件之下[118]；还可以缓解农地利用中资金不足问题，增加对农地投入，提高农地利用绩效。在农地利用主体身份被确认的前提下，一旦农户预期农地的流入或流出能给自己带来比自己经营农地更多的收益时，他会产生农地流转的意愿，这时只要他享有农地使用权的转让权，那么在追求价值最大化的农地利用决策过程中，他会将农地流转的意愿付诸实施，从而发挥农地流转在农地利用过程中优势。当然，比较于享有此权利的农户，当农地使用权不允许转让时，即便转入或转出农地有更高的收益，农户也只能维持原有的农地利用规模，甚至弃耕，从而大大降低了农地利用的绩效。

5.2 使用权稳定性对农户土地利用行为的影响

对农地使用权权能的界定，明确了农户利用农地的主体身份，确定了农地使用权权利束的内容，并以立法的形式予以保障，使农户对自身所拥有的使用权权利有明确的认识与预期，减少了农户土

① 摘录于张红宇在中国改革论坛观点，2002 年 1 月。

地利用决策中不确定因素的影响，有利于发挥使用权对农户的激励与约束效应，引导农户合理利用农地。但这里有一个不可回避的问题是“农户拥有的农地使用权的稳定性”。农业生产是一种周期较长的生产，而且有一定的自然风险，如果农户预期在一定时期内无法收回投资，即使权力再明确，权限再有保障，农户对这种产权也没有信心。因此，在确保农地使用权完全性的前提下，还必须保障其稳定性。农地使用权的稳定性主要表现在两方面，即使用权的使用期限与该期限内农地调整的频率。

5.2.1　农地使用权使用期限·农户土地利用行为·农地利用绩效

农地使用权的使用期限是指允许农地利用主体享有农地使用权的时间段，这一时间段的长短是农地使用权稳定性的重要表现。从理论上分析，农户拥有的农地使用权的时间越长，其对农地利用特别是长期投资的信心越足。因为足够的期限是对农户利用农地的未来收益的保障，如果在使用期限内收不回投资，不能获得预期的收益，那么理性农户的土地利用绩效必然会降低，这一点得到国内外多数学者论证[119-121]。农户所拥有的使用权的时间段长短不同，对农户土地利用行为会产生不同的影响。时间长短不同，在选择生产什么，如何生产，生产多少方面农户会有不同的决策。假设其他生产条件既定，当使用期限较长时，农户会选择种植生产期较长的农作物，愿意对土地进行长期投资，在追求生产效率、确定要素投资组合时，会考虑对农地生产潜力的培养。相反，一旦农户确定自己所享有的使用权期限较短，那么在利用农地生产过程中理性农户为了达到尽可能获得较多短期收益的目的，可能会对农地进行掠夺式的利用。这些不同的农地利用决策必然导致不同的农地利用绩效。

在农业生产规模收益可变的情况下，农户在农地上愿意投入的要素量与其所享有的农地使用权的时间长短有正向的相关关系，拥有使用权的权限越长，农户愿意投入的要素量越高。因为随着时间段的延长，农户对农地投资的外部性内部化的可能性越大，反之期限越短，农户投入意愿量越少；而且农户拥有的使用期限越长，作为投资者获得的年净收益越高，反之亦然。而在规模收益不变的情况下，农户的投资意愿量与其所享有的使用权权限的长短无关[122]。罗泽尔通过对中国农户在自留地（使用权期限相对较长）与承包地（使用权期限相对较短）上的投入与产出的对比研究也证实了这一点[123]。由于农户利用农地进行生产经营的过程也是其不断地寻求最优规模即规模收益不变的过程，因此，一般情况下农户对农地投资的水平受其拥有的农地使用权的长短影响。权限时间越长，农户对农地投资越有信心，越有利于农地利用绩效的提高；反之农户会由于使用期限较短而对所使用的农地缺乏长期的预期，进而产生掠夺性经营的土地利用短期行为，降低农地利用经济、社会与生态绩效。在我们发放的98份有效问卷中，有92份问卷在回答“您是否愿意接受土地使用权长期归农户所有的制度安排?”这一问题时选择“愿意”；有6人选择无所谓，这表明了农户对长期拥有农地使用权的意愿。

农地是农业生产最基本的生产资料，对农地的保护涉及农地数量、质量及生态环境的保护。农地同时也是一种特殊的生产要素，其生产力在合理利用的前提下，可以再生，而一旦遭到破坏，要想恢复其生产能力不仅难度大而且即便能恢复所需的周期也较长。对此，长期从事农业生产的农户有着清楚的认识，他们天生不具有破坏农地的意愿。但是在利用农地的过程中，农户利用农地的目标是追求价值最大化，基于理性农户的假设，他的一切相关的决策行为都服从于该目标。当农户长期拥有农地使用权（对农地实际占有权）时，意味着他在使用期限内对农地投资的外部效应可以内部化，在不考虑自然灾害的前提下，可以收回前期投资并获得相应的收益。那么，理性的农户在利益驱动下，必然会产生保护农地的意愿并付诸以实施。反之，一旦农户由于享有的使用权年限较短而对农地利用未来预期收益不确定时，在利润最大化目标驱使下，他必然会以短期收益为重，以牺牲农地未来生产力再生为代价换取当前利益，破坏农地资源生产潜力、污染环境，降低农地利用生态绩效。

农地流转行为包括农地的流入行为和流出行为，对流出农地的农户而言，只有既定约束条件下，他认为流出农地所获得的价值大于自己经营农地所获得的收益，他才会产生流出农地的意愿；而对流入的农户而言，当其在既定的约束条件下判定流入农地所获得的收益大于同等条件下其他的投资收益时，他才会产生流入农地的意愿。最终，农地是否能流转，取决于农地的供需双方在农地流转效用的衡量上所获得的一致性[118]。拥有明确清晰的农地使用权的转让权是农地流转可以实现的前提，现有的研究表明，农地使用权拥有时间的长短对农地流转的影响主要表现在多次的土地流转过程中。随着农地流转次数的增加，农地使用权的年限会不断地缩减，这时对农地投资的“外部性”产生的可能性越大，农户对农地投资的水平就越低，相应的收益也会减少，此时农地流转交易费用增加。最终土地流转会随着使用权期限的到来而趋于停止[122]。因此，农地使用权使用年限越长，越有利于农地流转，农地越易于使用到价值较高的地方，农地利用效率越高，越有利于农地利用绩效的提高。

可见，农地使用权的使用期限长短对农户在农地的投资、保护与农地流转方面的行为具有一定激励效应，期限越长，正激励效应越明显。

5.2.2　使用期限内土地调整频率对农户土地利用行为影响

农地在使用年限内调整的频率是衡量一定时期内农地调整次数的数量指标，是农地使用权稳定性的另一个重要表现。上述分析农地使用权使用年限的长短对农户土地利用行为与利用绩效影响时，并没有考虑农地的调整问题，而是假设在使用期内对农地不作调整。如考虑使用期限内对农地的调整及调整的频率问题，那么农户在土地利用过程的行为又是不同的决策结果。

事实上，对农户而言，由于农地的收益是其主要的生活来源与生存保障，因而他们迫切需要长久的拥有农地的使用权；但随着新增人口的出现，这些人员的生活来源又促使他们期望对农地进行周期性调整，究竟应不应该周期性调整土地，多长时间调整一次，对农户而言是一个矛盾的选择[115]。有意思的是在我们调研的过程中，农户们的意见虽然不统一，但几乎均是从自身利益考虑来给出答案。如有两个典型的农户的答案可形成对比。一户家里有两个儿子，她认为至少应该20年一调，原因是如不调整，若干年后，他家会增加两个儿媳两个孙子至少四个人，而去世的老人最多只有两个，那么"多出的两个人吃饭就成问题"；另一农户家里只有一个女儿，她认为农地应该永久归农户不调整，因为女儿出嫁后他家可以多一个人的土地，如调整那么去世老人和出嫁女儿的土地可能要收回。这一故事也从另一方面证实了论文对农户"有限理性经济人假设"的合理性。那么，农地使用期内农地的调整及调整的频率对农户农地利用行为会产生那些影响呢？现有的多数研究表明：首先这种调整肯定会影响农户对土地使用权稳定性信心，其次频繁的调整不仅使农户无法对未来的收益有一个明确的预期[124-126]，而且会加重农地细碎化程度，最终会影响他们对农地长期投资与保护农地的积极性，影响农地利用绩效。

农户对农地的长期投入不仅担当着对农地投入的职责，还充当养地的重任。理性农户对农地进行长期投资的前提是预期未来能够通过农地获得相应收益，如果农地不断进行调整，农户就无法明确预期未来的收益，也不愿意对农地进行长期投资，或者即便投资，其投资效率也要低得多。而且，农地调整的频率越高，农户对使用权稳定性信心越低，对长期投资效率影响越大，理性的农民将减少对农地的长期投入，倾向于短期、掠夺式的利用。

作为农地使用权主体的农户，对农地与农业生产的重要性及农地保护的意义非常清楚，基于自身利益的考虑，他有保护农地的意愿，但对如何保护这一问题的决策受制于农户自身对农地保护知识的认识、自身所拥有的保护能力及农户能从这种保护结果中获得利益的制约。如果频繁地调整农地，那么会对农户保护性的土地利用行为产生负面影响。其理论逻辑为：农户保护农地的目的是保持农地生产力的不断恢复。为此，他需要进行长期的投资或重复投资，鉴于农业生产的特殊性，这种投资的收益期相对滞后。因此，如果频繁地调整农地，必然会打击农户这种保护性使用农地行为的积极性。而且调整的频率越高，对农地保护负面影响越大。迟福林（2002）认为，农户对土地调整的要求在人地矛盾突出时才会强烈，反之这种要求并不强烈。因此，从理论上讲，应该尽可能地减少农地调整的频率，甚至取消对农地的调整。

农地流转是通过对农地使用权的转让来实现农地在不同农户之间转移的，其实质是市场对农地的调整，而我们一般提到的农地调整是指国家行政对农地的调整，有学者认为加强农地的流转是解决农地调整所体现的农地利用公平性与保持农地使用权长期不变所体现的效率性之间矛盾的有效途径[127]。通过农地流转，借助于市场的手段可以实现农地利用的公平性。与农地保护性使用一样，农地流转中农地供需双方只有在预期这种流转能实现各自预期收益时，流转行为才会发生，而频繁的农地调整势必会影响农户对未来收益的预期，从而减少农户流转农地的意愿，农地调整频率越高，造成这种影响的负相关值越大。

5.3 本章小结：一个假设性结论

本章主要从产权的完全性与稳定性两方面分析了农地使用权对农户土地利用行为及农地利用绩效的影响。农地使用权能的不同界定，会对农户土地利用动机的产生提供不同的外在刺激效应，影响农户土地利用行为，从而产生不同的农地利用绩效；由于农业生产是一种周期较长的生产，而且有一定的自然风险，因此农户所拥有的使用权的时间长短不同，对农户土地利用行为会产生不同的影响，导致不同的农地利用绩效。上述分析并不意味着其他因素对农户土地利用行为没有影响或影响较少，只是鉴于研究的目的，重点分析了农地使用权是如何影响农户土地利用行为，最终导致不同农地利用绩效的。由此可获得假设结论二“农地的使用权主体应该为农户，使用权权能界定越清晰、稳定性越高，农地利用绩效综合值越高”。

第6章　农地产权内部结构对农地利用绩效影响

清楚地认识农地的所有权与使用权安排对农地利用绩效的影响有益于从产权安排的角度探求提高农地利用绩效的途径，这也意味着随着生产力发展的需要，原有社会体制下的农地产权制度需要不断改革和完善。就提高农地利用绩效而言，对农地产权特别是农地使用权的改革和完善无疑是一条重要的途径，而农地产权变革的实质是对农地产权内部产权结构的调整，作为内生变量，产权内部结构不仅对经济增长异常重要[128]，同样对农地利用绩效的提高至关重要。本章将系统分析研究农地产权内部结构对农地利用绩效的影响，由于产权内部结构主要是通过产权的完整性和完全性来影响农地利用绩效的[129]。因此，研究首先分析了产权内部结构的构成与形式的演变；其次分别从理论上分析了产权内部结构的完整性是如何通过农户土地利用行为来影响农地利用绩效的，产权内部结构的完全性对农户土地利用行为及农地利用绩效的影响；最后在理论分析的基础上总结本章。

6.1　农地产权内部结构与其形式变迁

6.1.1　农地产权内部结构：不同农地权利间组合

现代产权理论认为产权具有可分解性，是一组权利束，各权力之间可以进行交易与分割，这些权利之间的不同组合就形成了产权的内部结构。那么可以认为农地产权的内部结构是指与农地相关的各种权利之间的不同组合，这些不同的组合决定了不同利益主体之间的关系。因而，不同的农地产权内部结构会对农地利用主体的决策动机及土地利用行为提供不同程度的激励与约束效应，从而诱导行为人对土地利用决策方案的不同选择，产生不同的农地利用绩效[130]。对农地产权内部结构这一事物，我们可以从纵横两个角度去透视。从横向看，即可透视产权内部各权利的组合状况（完整性），从纵向立体看，可透视产权内部各权力自身的状况（完全性），农地产权的内部结构对农地利用绩效的影响主要通过这两方面产生的（见图 6 –1）。

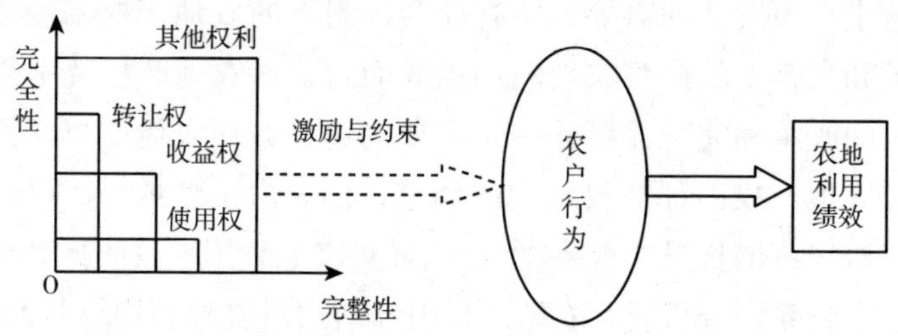

图 6 –1　农地产权内部结构及其对农地利用绩效影响

农地产权内部结构不完整（残缺），是指行为人（农户）当前所享有的农地产权权利束中某一项或几项权利是缺失的[131]。依据现代产权理论，完整产权的基本内容要求有排他的使用权、自由的转让权与独享的收益权三个基本的产权束[64,132]。排他的使用权意味着在法律允许的范围内农地的使用主体是唯一的，可以排除他人对农地资源的随意使用与限制，同时使用权的主体可以自由的决策如何使用农地资源；而拥有自由的转让权意味着在法规允许前提下，行为人可以自由地决定是否转让农地资源、如何转让以及转让给谁等相关问题。权利与利益是产权的基本内容，而且权力是手段，利益是目的，享有独有的收益权表明行为人可以通过对农地资源的使用享有全部通过合法途径获得的收益。因此对农地产权内部结构的完整性的分析可以从这三方面基础的权利束开始。

农地产权内部结构的完全性是指农地产权束中各权利自身是否得到清晰的界定、充分的保障和实施[131]。若各权利自身实现了清晰的界定与切实的实施，那么农地产权的内部结构就是完全的，这时在清晰的产权界定与有保障的实施下，农地利用主体的行为不会产生“外部性”，行为主体自身会承担决策行为的损失或收益，农地资源的配置会达到理想中的最优状态——“帕累托最优”，农地利用绩效综合值处于顶峰。但现实中由于交易成本、资源的多维度属性、产权界定和实施的技术困难、法律或政府的强制性规定或一些非正式规则等因素的存在[133]，使权利的界定与实施必须花费一定的成本与代价，而且权利界定的越清晰，实施力度越强，所花费的成本与代价将越大。农地产权内部结构的完全性由权利项的清晰界定与切实实施决定，因此，对农地产权内部结构完全性的分析将从这两方面展开。

6.1.2 农地产权内部结构形式演变

农地产权关系反映的是人与人之间的一种复杂的财产权利关系，因此从其诞生的那一刻起，它就不是纯粹的，而且从来都不是纯粹的，其内部结构（即所包容的权利项及各权利项的状况）随着社会生产力的发展以及人们认识的不断提高而不断变化，外在地表现为产权具体形态的变化。而且正是由于这种动态的变化，产权的存在才具有现实的意义。

作为一种社会工具，产权的功能在于可以明确人们对要参与的交易活动的合理预期，当这种预期以某种形式获得保障时，产权的拥有者就获得了他人同意的可以以某种方式行使的权利，通过这种权利的行使他可以获得预期的收益。至此，可以认为：不同产权内部结构形式会对产权拥有者的行为动机与决策产生不同的作用力。换句话说，在不同产权内部结构形式下，行为人行为决策的方案域不同，其行为结果必然不同。

1949年以来，伴随着我国农地产权制度的变迁，农地产权内部结构形式也经历了四次大的变动，农地产权具体形态的变化对农地利用主体的行为动机与行为决策发生着不同的诱导作用，进而导致不同的农地利用绩效。1949年后，通过强制性的制度变迁——“土地改革”，农户实现了千百年来“耕者有其田”的梦想，成为农地的拥有者。这时农地产权束主要包括四项权利即农地的所有权、使用权、收益权与转让权，其中所有权和使用权均集于农地利用主体农户身上，不仅权利界定清晰，而且有一定保障，农户可以独立自主经营自己所拥有的农地并享有大部分收益权（除上交一定税收外，其余收益全部归农户）；允许农地产权的买卖与转让，农户享有自由的转让权[134]。这种具有近似完整性和完全性的产权内部结构，在当时的历史条件下，极大地激励了农户利用农地生产的积极性，取得了显著的农地利用经济绩效与社会绩效[135]。

1952年开始的产权制度变迁成就了另一种产权内部结构形式：产权束中主要包括所有权、使用权、收益权、处置权与退社权，但这时所有权与经营权已分离，农户享有所有权、近一半的收益权与退社权；而农地的使用权、处置权及另一半收益权归集体拥有[134]。这种产权形态解决了当时单个农户对农地投入不足的问题，形成一定的规模效益。但由于管理水平低下等原因，农地产权对农户利用农地的激励效应已下降，农地利用绩效较前一阶段有所下降①。

1956年高级农业生产合作社产权内部结构形式诞生。在这种产权形态下，产权束的基本内容包括所有权、使用权及收益权。其中集体拥有农地的所有权、使用权及几乎全部的收益权，农户只拥有自留地的使用权与少得可怜的收益权。这种产权形态极大地打击了农户利用农地的积极性，农地利用绩效也跌入1949年以来最低谷。

1978年是中国农地制度史上崭新的一年，这一年家庭联产承包责任制诞生，这种产权形式是国家寻求既能为农地利用主体提供较高的激励效应又具有较低的组织运营成本的产权形态的产物。在这

① 详见第3章相关章节具体数据比较。

种产权内部结构形式下，产权束的基本权力项为所有权、使用权、转让权与收益权。其中农地的所有权归集体，使用权、农地交易权（转让权）及大部分收益权归农户。而且从1978年年底至今，随着时间的推移，农户所享有的农地使用权的权限呈增强的态势，土地交易权也从严格的限制到积极鼓励，但这种交易仍限于农业之间，收益权呈不断扩张的态势[136]。可以看出，1978年以来的产权形态变化的方向是在不断强化农户所享有的产权，以尽可能实现为农户提供较高农地利用效应降低组织运营成本的制度绩效。当然这种农地产权内部结构形式也确实极大地激励了农户的农地利用行为，创造了较高的农地利用经济绩效与社会绩效。

6.2　产权内部结构的完整性·农户土地利用行为·农地利用绩效

6.2.1　农地产权内部结构完整性

正如本章6.1节所言，产权内部结构完整性是基于平面维度衡量产权内部各权力项“容积”的指标值。产权内部结构完整程度越高，意味着该产权束包含的权利项越丰富。按照现代产权理论观点：排他的使用权、自由的转让权、独享的收益权是完整的产权所必备的三项基本权利[137]。就农地产权而言，排他的使用权可以将他人排斥在农地的使用与限制范围之外，有效地遏制了农地利用中存在的“外部性”与“搭便车”行为，使农地利用主体通过自身的努力所获得的个人收益接近于社会收益，从而为该主体积极地对农地进行投资、保护等合理的土地利用行为提供有效地激励，提高农地利用绩效；农地的自由流转能促使农地流向利用效率较高的地方，通过流转还可以形成规模经营，获取规模效应，因此农地的自由流转可以产生交易的收益效应和边际产出拉平效应[138]从而提高农地利用的效率，促进农地利用绩效提高。对于产权主体而言，拥有产权是手段，获利才是目的。“如果人们不能获得自己所创造的收益，那么就不要期望他们会积极地去创造这些收益，也不要指望他们能进行高效率的生产”[139]。获利是人们拥有产权的最终目的。因此，独享的收益权是激励农地利用主体合理利用农地的根本手段，以利益为导向，引导与约束农户的土地利用行为是提高农地利用绩效的根本途径。

产权完整性越高，权利束中包含的权利项就越丰富。那么，是否就可以认为通过产权界定，事无巨细地规定产权主体的权利与责任，以规范其行为呢？答案是否定的，一定的产权结构从属于既定的产权制度安排，由于语言方面的含混、信息不对称、双方的疏忽等不确定因素的存在[140]，现实中的产权制度往往是不完整的。而且制度的制定与运行是需要成本的，制度制定得越详细，运行越有保障，其成本（交易费用）越高，制度的效率越低。从某种程度上讲，制度变迁的过程可以看成是各利益集团寻求利益均衡的过程，在这一过程中，社会成本越小，制度绩效越高。产权制度的不完整性决定了产权内部结构的不完整性，人们总是在一定的社会经济条件下选择一个能低成本运行的社会契约[141]。而这种既定的产权制度会决定产权内部结构，产权内部不同的结构安排会导致产权产生不同的功能，或各功能所起的作用大小不同，对产权主体的激励与约束作用自然也不同。

6.2.2 产权内部结构完整性与农户利用农地动机

农户利用农地的行为受行为动机的支配，动机不同，行为的方式、结果必然不同。农户利用农地的动机源于两方面因素，一是内在需求，二是外部条件诱导。正如第4章所分析利用农地满足生存、发展的需要，是农户利用农地的内在需求。而其利用农地的方式、结果很大程度上取决于外在的农地产权所给予的外部诱导条件。由于现实中的农地产权往往是不完整的，因此对农地利用主体的行为动机也会产生不同的诱导作用。

农户是农地利用的微观主体，只有赋予他们农地的使用权，他们才有可能将其他的使用者排斥在特定农地的使用范围之外，才可能拥有利用农地的权利，才可能作为独立的商品生产者利用农地进行生产。而农户拥有使用权权限的大小及其稳定性则决定了农户对这种权限信息接收渠道的畅通程度。我国1978年开始实施的所有权与经营权分离将农地使用权赋予农户的产权内部结构不仅赋予了农户利用农地的选择权，还通过使用权使用年限的延长拓宽了农户接受这种信息的渠道，极大地刺激了农户利用农地的热情，有效地解决了之前产权结构中存在的“外部性”“搭便车”现象。

农户利用农地的内在需求是满足自身生存、发展需要，说明他们利用农地的出发点是满足自身利益，这也是农户利用农地的动机产生的根本因素。当农户“能够获得通过自身努力所创造的收益”的权限被清楚地界定后，意味着农户自身的努力是有保障的，收益权的界定将为农户提供一个利用农地有诱惑力的外在条件，是农户合理利用农地的根本性前提，而收益权权限的大小则决定了农户利用农地动机的明确程度。

作为一种稀缺的资源，农地的配置必须是流动的，只有农地可以自由流动，才可以实现产权交易的收益效应和边际产出拉平效应。拥有农地转让权意味着通过转让农地可以实现更高的利用绩效。因为农户只有在预期农地流出的收益大于自己经营收益或农地流入的收益大于其他投资收益时，农地流转行为才会发生。转让权的界定为农户提供了提高农地利用绩效的一个外部诱导条件，在诱导农户利用农地实现自身利益的同时，也提高了农地资源配置的效率。

6.2.3 产权内部结构完整性对农户农地利用行为影响

农地产权制度规定了人们在利用农地时，哪些行为是可以做的，哪些是行为是不可以做的，从而使人们对自己行为形成一个合理的预期，并以此来诱导人们的农地利用行为决策。在制度对人们行为的影响中，一个重要的方面是产权的完整性（排他的使用权、独有的收益权与自由的转让权），如果产权中的一项或几项权利缺失或受限制的话，一般称为产权残缺。现实中的产权结构往往游离于完整产权与完全残缺产权状态之间，当现实的产权状态接近完整产权结构时，人们往往对自身努力的收益有一个明确的预期，会激励他积极地寻求更有利的农地利用方式获取更多收益。反之，由于产权的缺失使农户无法对未来收益有明确预期时，则会鼓励其农地利用的短期行为[157]，降低农地利用的绩效。产权完整性对农户行为及农地利用绩效影响如图6－2所示。

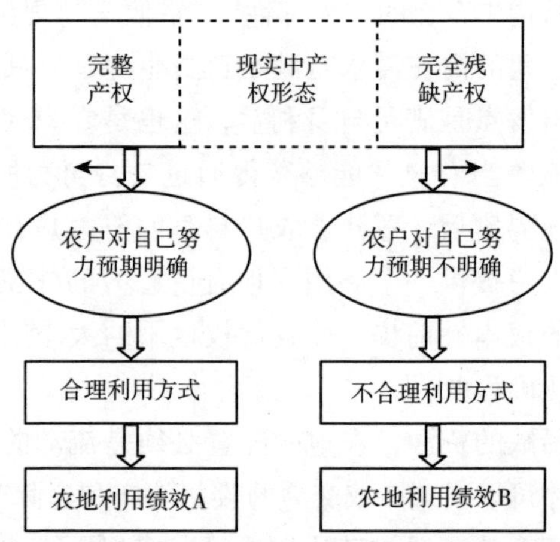

图6－2　产权完整性对农户行为及绩效影响

在完整产权结构下，农户拥有排他的农地使用权、自由的转让权及独享的收益权，这种产权状态下其利益报酬结构完全偏向农户。农户可以自由地决策如何来使用农地，而且不受任何外来因素的干扰，完全以自身的最大利益作为追求的目标，在一定的约束条件下，来选择对农地的投入、保护及流转行为方案。在选择最优要素投入组合时，可以完全地按照各投入要素的边际产量收入等于它的价格的原则来确定农地、资本、劳动力的投入量，此时农户所获得的利润最大。

由于享有独有的收益权，可以明确农户的一切努力与所获得的收益具有一致性，因此出于对自身利益的考虑，农户会积极地寻求有利的农地利用方式。鉴于农地资源本身不可再生，但只要合理利用，其生产力就可以再生，而且一旦由于使用不当，农地生产力遭到破坏，一般则很难恢复，因此，对农地资源而言，合理的利用尤为重要，是关系到子孙后代的大事，独享的收益权不仅可以激励农户努力利用农地进行农业生产，保障粮食及其他农产品供给，还可以在一定程度上抑制农户为追求最大利益而产生的对农地生产力的破坏。

流动配置是稀缺资源有效配置的必要条件，作为稀缺的资源，农地的自由转让权无疑为其有效的配置提供了条件，而且经济发展水平越高，对农地转让权的要求越强烈。由于农户在能力和认识上存在一定的差异，因此他们在农地使用技能上也存在高低之分，如果农地可以自由转让，那么遵循比较优势的原则，农地必然会被投入最有价值的地方[142]，农地利用的绩效自然会提升。

与前述农地产权完整性相对应，如果农户拥有的产权是残缺的，即其中的某项产权受限制或缺失。那么在这种产权结构下，其利益报酬结构与农户努力供给的一致性会遭到破坏。以1956～1978年我国高级农业生产合作社产权内部结构为例，在这种产权形态下，农户拥有自留地①使用权与收益权，其他农地的使用权、收益权与处置权归集体，农户的自留地不允许随便转让。自留地外的农地产权内部结构对应的利益报酬结构与农户自身努力一致性出现较大偏差，由于不具备排他的农地使用权，农户无法自由地决策如何来经营农地，农地利用的“外部性”难以内部化，“搭便车”现象在那一时

① 1962年，中国共产党第八届中央委员会第十次全体会议通过并发布了《农村人民公社工作条例》（修正草案），其效力相当于行政法规。该《条例》第四十条规定，由生产大队或生产队划出耕地面积的5%～7%分配给社员家庭作为自留地，长期不变，用于开展家庭副业生产。客观上说，自全面实行农村土地家庭承包制度后，自留地制度存在的意义就不大了。但由于种种原因，目前国家还没有规定取消自留地，在现行《宪法》《土地管理法》《物权法》等法律中，仍然还保留了自留地的规定。近期国家和地方也没有出台有关自留地问题的新规定。在实际操作中，各地农村基本上都采取冻结原状的方式，没有再重新分配、调整或取消自留地，但以前分配到户的自留地使权依法仍受国家法律的保护。源于“中顾法律网”http：//www.9ask.cn/。

期较为普遍；而收益权的缺失则无法保证农户自身的努力与最终收益有直接的联系，难以对农户寻求有利的资源利用方式行为形成正激励效应；农地自由转让权利的缺失使农地由于交易而产生的收益效应与边际产出的拉平效应难以实现，降低农地利用效率。相反，农户自留地上的产权内部结构对应的利益报酬结构则与自身的努力具有较高的一致性，排他的使用权与独享的收益权为农地“外部性”的内部化、“搭便车”现象的遏制、积极寻求合理农地利用方式的行为提供了产权保障。Besley 和 Rozelle 的研究均证明了这一点“农户在自留地与集体农地上的投入与产出存在明显差异”[143-144]。

6.3 产权结构的完全性·农户土地利用行为·农地利用绩效

6.3.1 农地产权内部结构完全性

与产权内部结构的完整性相对应，产权内部结构的完全性是衡量产权内部各权利项是否得到充分界定、实施的指标。农地产权内部结构的完全性可以衡量该产权中各权利项的界定与实施状况。完全程度越高，意味着农地产权束中各权利项界定得越清晰，实施得越彻底，当农地产权状态为完全时，农地利用中的“外部性”将通过产权的界定与实施全部被内部化，农地产权的主体会承担利用中的一切损失与收益，此时不存在效率的损失，农地利用绩效为最优。

尽管从理论上分析完全的农地产权内部结构有助于获得最优的制度绩效，达到理想的状态，但现实中由于交易成本、政府偏好、外部性内部化技术变化等因素的存在，使农地各项产权的界定与实施需要一定的成本。因此，与完全竞争市场一样，完全性产权状态在现实中存在可能性几乎为零，正如巴泽尔所言，“权利的充分界定是不可能的”[145]。现实中产权的完全程度游离于完全产权与无界定产权之间，由“有效权利”与“产权公共领域”组成。依据利润最大化原则，当产权界定与实施的边际收益等于边际成本时，产权所创造的社会利润是最大的，产权自身也处于最优的状态，此时的权力为“有效权利”[129]，而在有效权利与完全产权之间有一部分没有被界定与实施的产权空间，被巴泽尔称为“产权公共领域”[145]，产权越靠近完全产权结构，其内化外部性的作用越强；反之，“外部性”对农地利用绩效的影响越大。

农地产权的完全性包括两个层面的内容：一是对农地产权的各项权利的清晰界定，二是切实的实施。前者是前提，后者是保障，没有清晰的权利项界定，就谈不上实施，而没有切实的实施，权利项界定得再清晰，也是没有用的，这两项内容相辅相成，共同影响着农地产权的完全程度。一般认为，产权的完全性会影响行为人对未来的预期，从而对其行为造成一定的影响。

6.3.2　农地产权内部结构完全性与农户利用农地动机

农地产权内部结构的完全程度不同会为农地利用微观主体农户利用农地的动机提供不同的外部诱导条件。在满足自身生存发展需要的利益驱动下，理性的农户具备利用农地这一行为的意愿，而当相应产权的界定较清晰明确时，首先农户对自己所拥有的产权有一个明确的认识：“自己拥有哪些权利，可以进行哪些行为，哪些行为是违法的……”当这种产权被有保障实施时，农户就真实地具备了利用农地的相关权利。这种产权的清晰界定也明确了农户通过自身努力所获取的收益的内容与大小，有助于农户对未来收益形成明确的预期，在比较成本与利益的基础上，农户会有明确的行为导向。

当他预期收益低于成本时，他可能会放弃利用农地获取收益的行为，或者由于某些强制力不得不进行农地利用行为时，他也会以获取当前最大利益为目标，偏向农地短期利用行为，以农地潜在生产力的破坏来换取当前的利益。当他认为通过自身的努力获得的未来收益远远高于成本，能够达到他的要求时，他会想方设法收集相关信息，提高决策的准确性，相应地也会积极寻求有利的农地利用方式，以获得预期或高于预期的收益。

6.3.3 农地产权内部结构完全性与农户农地利用行为

农地内部产权结构的完全性对农户土地利用行为的影响主要表现在通过对产权各权利项的清晰界定与切实实施将农地利用中产生的外部性内部化，通过产权完全性明确农户对行为的预期，以激励农户合理地利用农地，提高农地利用绩效，其影响模式见图6－3。

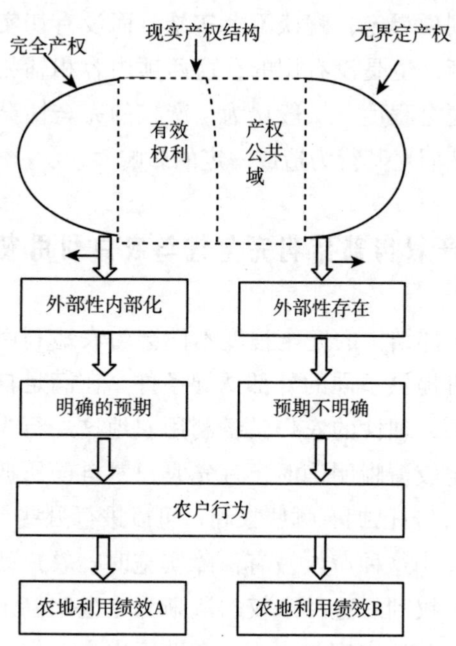

图6－3 农地产权内部结构的完全性对农户行为及绩效影响

图6－3的上半部分是对农地产权完全性概念的解释，现实中的农地产权的完全性介于完全性产权与无界定产权状态之间，由有效权利与产权公共领域组成。下半部分表明了产权内部结构的完全性是如何影响农户行为，进而产生不同的农地利用绩效的。不同完全性的产权对农地利用中“外部性”的内部化有不同作用，产权内部结构完全性越高，内化“外部性”的作用越强，这种作用越强。农

户在农地利用过程中所承担的损益越明确，对未来预期越清晰，决策的准确率越高，行为外在的偏好表现越清晰。自然，不同的农地利用行为会产生不同的农地利用绩效。

农户对农地的使用权、收益权与转让权被清晰界定并有效实施时，农户在一定程度上具备了决策如何利用土地的权利；收益权的确定与实施明确了农户自身的努力与所获得的收益的一致性程度；而转让权的拥有使农地具备了实现高效利用的途径。既定的农地产权内部结构完全性为农户刻画出农地利用的制度空间，在既定利益的诱导下，农户会最大化地提高对农地投资决策的准确性，结合实际经验不断地调整资本、劳动力与农地面积的投入量，以期获得最大的收益，他也会在法律允许范围内尽可能寻求最优的农地利用方式、利用强度。

农地利用中由于农地自身的特性会产生“外部性”的问题，导致农地利用者的私人成本、私人收益与社会成本、社会收益不一致，降低农地资源配置的效率。如果农地的使用权、收益权及转让权等各项权利均被清晰地界定，有效地实施，从理论上讲，就可以有效地解决这一问题。虽然完全性产权结构只是理论研究的形态，但现实中，可退一步通过有效权力的清晰界定与实施，在一定程度将农地利用中产生的“外部性”内部化，提高农地利用绩效，特别是生态绩效。一旦产权界定清楚，农地的利用者就会承担农地利用过程界定的应由他本人承担的一切损益，自然会诱导农户结合农地的特性，合理地利用农地，包括对农地的保护。例如，一旦通过产权界定某一农地的使用权永久归属于某农户，那么从自身利益出发，农户会考虑对该农地潜在生产力的保护，会用“合理施肥、合理喷药保护农地生产力”的行为来替代“通过过度施肥、过度喷药破坏农地生产力的方式换取短期农业产量”的行为。

当农地自由转让的权力被明确地界定为具备或不具备时，会决定农户流转农地行为发生的合法性。一旦农户被赋予农地转让的权利并得到有效的保障，那么在预期农地流转带来的收益大于原有的农地经营方式时，农地流转行为就会发生，其结果一般会使农地流向利用价值更高的地方，提高农地利用效率。

可见，农地产权内部结构的完全性不同，农地利用绩效也不同，完全性越高，农地利用的绩效越明显。1978 年以来我国农地产权内部结构的演变证实了这一点。农户不仅被赋予越来越清晰的使用权、收益权与转让权，而且这些权益的实施也越来越有保障，不仅使中国农民生活水平连年提高，而且使粮食的总产量持续增长……[136]

6.3.4 农地产权完全程度低的危害

现实中，农地产权内部结构完全性缺失的主要原因是国家（统治者）为了追求自身利益而形成的政治偏好[146]。这种缺失主要表现为农地产权各权利项中一项或几项界定不清晰，或者即便各权利项界定清晰，却没有得到有力贯彻实施，这些都会带来一定的负面效应，具体表现在以下几方面。

首先，使农户对未来预期不明确，会激励其短期土地利用行为。如果农地利用中各权利项界定不清楚或界定得清楚但由于某些原因实施得不彻底，那么农户在经营农地的过程中，无法对自己未来的收益进行明确的预期，在决策时会感觉无所适从。基于自身利益考虑，必然会在当前的约束条件下，追求短期利润最大化，对农地进行掠夺式利用，而这无疑会破坏农地生产力，对农地可持续利用产生无尽危害。

其次，不利于农户努力程度的发挥，农地保护意识差。由于对未来没有一个明确的预期，农户只能依据当前的条件进行农地利用决策。就农地利用而言，投入是看得见的，而收益却是模糊的，因此很难激励农户去努力地收集信息，提高决策的水平，努力地去生产，加上农地利用中常常伴随着不可预测的自然灾害，农户利用农地的动机会大打折扣。自然也就不愿意去保护农地，更何况农地保护的收益具有滞后性、长期性等特征。

最后，土地纠纷较多，会降低农户经营农的信心。“农地纠纷的实质是农地权属争议，是因为两个以上单位或个人同时对未经确权的同一土地各据理由主张权属而产生的土地权属矛盾”[147]。与其他社会矛盾比较，我国农地纠纷具有数量庞大、类型多样、原因复杂、主体多元、群体性、危害性大的特点[148]，农地不仅是农户主要生活来源的基础，还承担着农民生活的保障重任，一旦发生纠纷，不仅会降低他们经营农地的信心，还会影响社会的稳定与安全。尽管不同的学者从不同的角度分析了农地纠纷产生的具体原因，但究其根源都会回归到农地产权的完全性上，即相关产权的明确界定上或者即便界定清晰执行却不力[149-153]。这一结论也可以从我国与美国农地纠纷发生的数量及农地产权完全性状况的对比看出。在美国，联邦政府和州政府拥有对土地征用权、土地管理规划权、足额土地税征收权，农场主作为土地所有者其在土地转让、租赁、抵押及继承等各方面具有完全不受干扰和侵犯的权利。由于土地所有者与政府均具备明晰的土地产权边界。因此，私有土地的侵权行为和土地纠纷的案例非常罕见[17]。而在我国，由于土地权属界定的清晰度不够，执行中力度不到位，农村土地纠纷案件呈现出受理案件与积案数量不断增长的趋势，造成严重的经济与社会损失[154]。

6.4　本章小结：一个假设性结论

本章主要从农地产权的完整性与完全性两方面分析了农地产权内部结构对农地利用绩效的影响。完整的农地产权包括农地使用权、收益权与转让权，排他的使用权能有效地遏制“外部性”与“搭便车”行为，使农地利用主体的个人收益接近社会收益，有效地激励农户合理利用农地，提高农地利用绩效；农地的自由流转能产生交易的收益效应和边际产出拉平效应，提高农地利用的效率，促进农地利用绩效提高；独享的收益权是激励农地利用主体合理利用农地的根本手段，以利益为导向引导与约束农户的土地利用行为是提高农地利用绩效的根本途径。

农地的完全性外在地表现为农地产权束中各权利项界定的清晰

程度与实施的彻底程度。权利的清晰界定有助于农户对农地利用中各权利项权属的把握，减少农地利用预期收益的不确定性，提高农地利用绩效；权利的实施是权利界定的保障与手段，没有这一环节，权利的界定就是一个美丽的口头承诺。农地产权缺乏完全性会激励农户的短期农地利用行为，引发农地纠纷，降低农户经营农地的信心，带来严重的社会与经济损失，影响社会和谐。

通过前述分析可以得出第三个假设结论：“产权内部各权力项越完整，越趋于完全，农地利用的绩效越高”。

第 7 章　经验检验：对陕西省的实证分析

我国国土面积广阔，各地之间土地自然禀赋差异较大，因此与土地特别是农地利用相关问题的研究一定要结合各地农地资源禀赋条件进行。本章将在前面章节理论分析的基础上，结合陕西省农地利用的实际状况对相关的假设结论进行实证检验。具体研究的逻辑为：首先论述研究区域陕西省自然、社会及经济发展特别是农地利用状况；其次结合陕西省农地自然禀赋，通过一定的指标体系评价了 1949～2009 年以来陕西省农地利用绩效；最后在上述分析的基础上揭示了 1949～2009 年以来陕西省农地产权结构演变与农地利用绩效关系，对本书假设结论进行实证检验。

7.1　研究区域农业发展的条件及农地利用状况①

7.1.1　地域范围、自然及人口·社会经济条件

（1）地域范围与自然条件。

陕西省地处我国内陆腹地，位于东经 105°29′～111°15′，北纬 31°42′～39°35′之间。全省土地总面积为 205800 平方公里，占全国

① 资料来源：陕西地情网．省情概况．http：//www. sxsdq. cn/sqgk/及 2011 年陕西省统计年鉴．

土地面积的2.1%，其中农用地为19356311.66公顷，约占土地总面积的94.05%①。

陕西地域从南至北约870公里，从东至西200～500公里；地势南北两端高中间低，从北到南可以分为陕北高原、关中平原、秦巴山地三个地貌区；土地类型主要为高原、山地和平原，其中高原占地面积926万公顷，山地面积为741万公顷，平原面积391万公顷；山脉主要为秦岭和大巴山。

全省横跨三个气候带，南北气候差异较大。陕南属北亚热带气候，关中及陕北大部属暖温带气候，陕北北部长城沿线属中温带气候。气候的总特点为：春暖干燥，降水较少，气温回升快而不稳定，多风沙天气；夏季炎热多雨，间有伏旱；秋季凉爽较湿润，气温下降快；冬季寒冷干燥，气温低，雨雪稀少。全省年平均气温13.7℃，自南向北、自东向西递减：陕北7℃～12℃，关中12℃～14℃，陕南14℃～16℃。无霜期160～250天，年平均降水量340～1240毫米。降水南多北少，陕南为湿润区，关中为半湿润区，陕北为半干旱区。

（2）人口·社会经济条件。

2009年年底全省总人口为3772万人，其中农村人口为2131万人，占总人口的56.5%；农业人口为2634万人，占总人口的69.8%。② 第六次全国人口普查汇总数据表明：全省总人口中，每10万人中有1万多人为大学文化程度；与第五次全国人口普查相比，具有初高中文化程度的人口数有所增加，文盲人数减少120万人，说明全省人口文化水平整体有所提升。

陕西全省设西安、宝鸡、咸阳、铜川、渭南、延安、榆林、汉中、安康、商洛10个省辖市和杨凌农业高新技术产业示范区，有107个县（市、区），1581个乡镇，164个街道办事处。随着西部大

① 依据2009年陕西省国土资源公报计算数据。

② 陕西省统计局，国家统计局陕西调查总队编．2010年陕西省统计年鉴．中国统计出版社，2010.

开发战略的实施和国家建设重点的逐步西移，陕西经济得到迅速的发展。2009 年全省年生产总值 8169.80 亿元，比上年增长 13.6%。其中，第一产业增加值 789.64 亿元，增长 4.9%，占生产总值的比重为9.7%；第二产业增加值4236.42 亿元，增长13.8%，占生产总值的比重为 51.9%；第三产业增加值 3143.74 亿元，增长 15.3%，占生产总值的比重为 38.5%。人均生产总值 21688 元，比上年增长 11.3%。

全省的基础设施和生态环境保护也取得了新的进展。2009 年年底高速公路通车里程达到 2779 公里，还有部分在建的高速公路，米字型高速公路主骨架日趋完善。西康铁路、神延铁路、西合铁路建成通车，“两纵五横四个枢纽”的铁路网构架建设加快。水利、通信、城乡电网和城市公共设施进一步改善。2009 年全省二氧化硫排放总量 80.44 万吨，比上年削减了 9.6%。氨氮排放量 32.07 万吨，增长了 1.2%。森林面积为 767.56 千公顷，与上年持平；森林覆盖率达 37.26%……在省政府领导下，全省人民正在朝建设经济强、科教强、文化强、百姓富、生态美的“三强一富一美”发展强省的共同目标努力。

7.1.2　陕西省农地利用状况

2009 年陕西省总人口为 3772 万人，约占西北五省的 38.7%，而土地面积仅占西北五省土地面积的 6.8%，土地资源紧缺，人均耕地面积 0.08 公顷。

（1）2002 ~2009 年陕西省农地利用变化。

由于国土资源部于 2001 年 8 月印发了新的《土地分类标准》，因此本书对近年来陕西省土地利用变化的分析选取 2002 ~2009 年时间段。据 2002 ~2009 年陕西省土地利用现状变更调查，八年间全省土地总面积均为 20.58 万平方公里。经过多年的努力，农用地及其各主要类型在面积变化方面取得了一的成效，但存在的问题也不容忽视，仍需不断地改进。

图 7－1 反映了 2002～2009 年陕西省农用地与耕地、园地、林地、牧草地以及其他农用地五个主要的农业用地类型面积的变化。从中可以发现，2002～2009 年，陕西省农用地主要类型按各自占农地面积比例的大小，依次为林地、耕地、牧草地、园地及其他农用地，这在一定程度上反映了这一时期该省农业产业结构状态。从面积变化趋势分析，八年间，陕西省农用地面积与其他农用地面积变化基本相同，“在 2009 年之前各年间变化幅度并不大，几乎成一水平线趋势，而 2009 年均有较大的增幅”；园地与林地面积变化走势类同，2002 年面积值均较低，之后一直处于上升趋势，2009 年有较大增幅；而耕地面积与牧草地面积在八年间呈下降走势，特别是牧草地面积在 2009 年减幅较大。

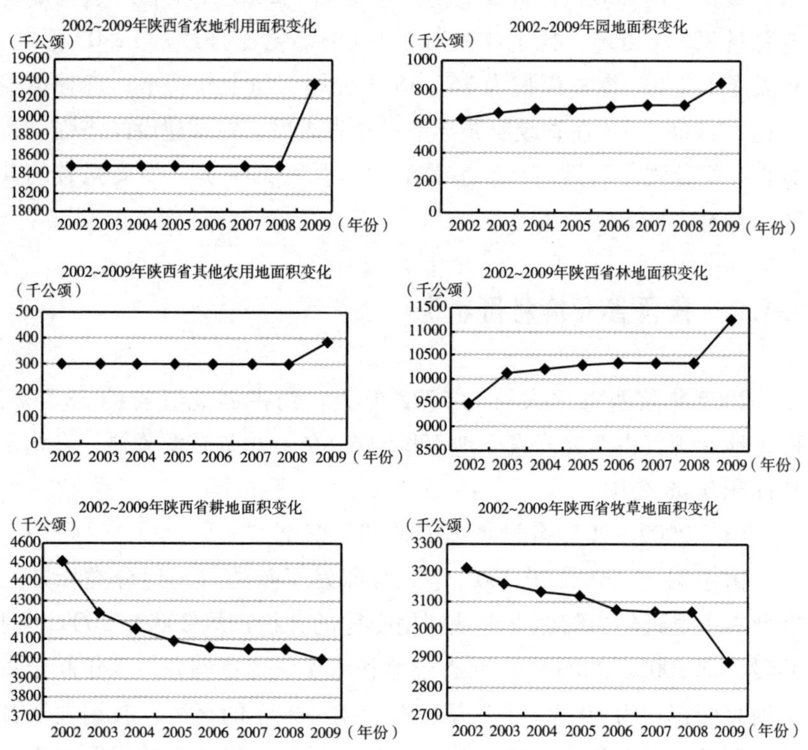

图 7－1　2002～2009 年陕西省农地主要类型面积变化

探究各相邻年份间农地主要类型面积变化原因，可以认为主要为以下几方面：第一，农地和其他农用地面积一直保持并有所增加主要得益于国家“坚持节约集约，坚守耕地红线”等土地管理制度的落实；第二，园地和林地面积变化主要源于该省产业结构调整；第三，近年来退耕还林政策实施、灾毁、农业产业结构调整及建设占用等是造成耕地面积持续减少的原因。

（2）2009 年农地类型与结构。

依据陕西省 2009 年土地利用现状数据集，全省土地面积 20580000 公顷，其中农用地面积为 19356311.66 公顷，占全省土地总面积的 94.1%。

在农用地中，耕地面积为 3997.56 千公顷，占土地总面积的 19.44%。其中，水田 165.14 千公顷，占耕地面积的 4.13%；水浇地 1072.16 千公顷，占耕地面积的 26.82%；旱地 2760.26 千公顷，占耕地面积的 69.05%。

园地面积为 850.11 千公顷，占土地总面积的 4.13%。其中，果园面积 707.60 千公顷，占园地面积的 83.24%；茶园面积 19.31 千公顷，占园地面积的 2.27%；其他园地 123.20 千公顷，占园地面积的 14.49%。

林地面积为 11231.76 千公顷，占土地总面积的 54.62%。其中，有林地 8117.05 千公顷，占林地面积的 72.27%；灌木林 2149.55 千公顷，占林地面积的 19.14%；其他林地 965.16 千公顷，占林地面积的 8.59%。

牧草地面积为 2888.32 千公顷，占土地总面积的 14.05%。天然牧草地 2143.44 千公顷，占牧草地面积的 74.21%；人工牧草地 59.04 千公顷，占牧草地面积的 2.04%；其他草地 685.84 千公顷，占牧草地面积的 23.75%。

其他农用地面积为 388.54 千公顷，占土地总面积的 1.89%。农村道路用地面积为 152.26 千公顷，占其他农用地面积的 39.18%；坑塘水面 13.72 千公顷，占其他农用地面积的 3.53%；沟渠 29.95 千公顷，占其他农用地面积的 7.71%；设施农用地面积 12.11 千公顷，占其他农用地面积的 3.12%；田坎面积为 210.50 千公顷，占其他农用地面积的54.16%。2009年陕西省农用地类型与结构及农地利用状况见图7-2与表7-1。

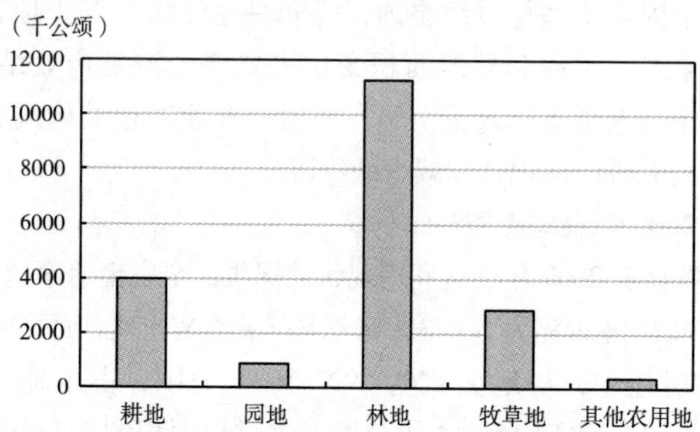

图7-2 2009年陕西省农用地类型与结构

表7-1 2009年陕西省农地利用状况

名称		面积（千公顷）	百分比（%）
耕地（占土地总面积19.44%）	水田	165.14	4.13
	水浇地	1072.16	26.82
	旱地	2760.26	69.05
	合计	3997.56	100
园地（占土地总面积的4.13%）	果园	707.60	83.24
	茶园	19.31	2.27
	其他园地	123.20	14.49
	合计	850.11	100
林地（占土地总面积的54.62%）	有林地	8117.05	72.27
	灌木林	2149.55	19.14
	其他林地	965.16	8.59
	合计	11231.76	100
牧草地（占土地总面积的14.05%）	天然牧草地	2143.44	74.21
	其他牧草地	685.84	23.75
	人工牧草地	59.04	2.04
	合计	2888.32	100

续表

名　称		面积（千公顷）	百分比（%）
其他农用地（占土地总面积的1.89%）	农村道路面积	152.26	39.18
	坑塘水面	13.72	3.53
	沟渠	29.95	7.71
	设施农用地面积田	12.11	3.12
	坎面积	210.50	54.16
	合计	388.54	100

（3）陕西省农地利用特点①。

综合以上陕西省农业发展的条件及近年土地利用状况，可以发现陕西省农地利用存在以下特点：

第一，农地资源开发利用区域差异明显。陕北黄土高原丘陵沟壑区，植被较少，草地分布集中，耕地多为旱坡地，畜牧业较发达，森林覆盖率低，粮食产量较低且不稳定；关中平原农地自然禀赋有利于农业生产，生产条件较好，因此生产水平相对较高，土地利用率和利用效益较高，是全省重要的农业商品生产基地；陕南秦巴山区林业面积比重较大，森林覆盖率较高，陡坡耕地多，垦殖指数低。区内水热条件优越，生物资源丰富，有利于各类名优林特产品及其加工业的发展。

第二，全省坡耕地面积较大，川平地面积较小，耕地质量不高。15°以上坡耕地占耕地总面积的51.3%，其中25°以上陡坡耕地占耕地总面积的12%；15°以下的平地、缓坡地占耕地总面积的48.7%；耕地中旱地面积较大约占69.05%，而灌溉水田、水浇地面积仅占30.59%；全省中低产田面积较大占到耕地面积的80%以上。耕地面积基本持递减态势，人地矛盾突出。

第三，农地资源与水资源分布不均。秦岭以北的黄河流域耕地面积占全省耕地面积的80%，而地表水径流量却只有全省流量的

① 陕西省人民政府．陕西省土地利用总体规划（2006－2020年），2009年5月。

25%。秦岭以南长江流域耕地面积占全省耕地面积的20%，其地表水径流量却占全省流量的75%。

第四，土地开发利用率较高，但生产水平较低。截至2009年，全省已开发利用土地面积为99.5%，说明该省土地利用率还是比较高的。但受自然条件与社会经济发展的制约，全省土地生产水平在全国处于较低的水平。2009年全省粮食播种产量为每公顷2723.57公斤，林地的活立木蓄积量为每公顷32.18立方米，均低于全国的平均水平。

第五，土地利用不充分与过度利用共存，土地利用生态环境脆弱。陕西农地资源区域差异明显，陕北对草地利用一般是超载放牧（畜多草少），而陕南则是畜少草多，利用不充分；全省80%的耕地和70%的人口分布在水土流失区，2009年全省水土流失面积占总面积的62.59%，全省每年因水土流失损失的氮磷钾肥达341万吨。

7.2 陕西省农地利用绩效评价

前面对农地利用状况的描述主要是一种定性分析，为了量化研究农地产权制度对农地利用绩效的影响，需要量化描述农地利用绩效，为此下面将借助绩效评价方法量化地分析农地利用的状况，或者准确地讲是在经济、生态及社会三方面的效果。

7.2.1 农地利用绩效评价指标体系的建立与评价方法的选择

7.2.1.1 陕西省农地利用绩效评价指标体系的建立

当前，我国还没有一个统一的对农地利用绩效评价体系，对农地利用绩效评价体系的研究还处于理论探索阶段。因此，与全国大多省份在农地利用状况评价方面做法相同，陕西省对农地利用的评价也是分部门进行，主要的职能部门为省环保厅和省国土厅。环保厅主要负责依据国家相关标准对环境质量进行评价，但没有专门针对农地利用的评价标准，相关的地方评价标准是“小流域治理环境质量评价标准”。该标准中涉及一些对农地利用绩效评价指标如化肥使用强度、农药使用强度、农膜回收率、农民人均年纯收入，但并不是专门针对农地利用效果的评价；国土厅的职责中有一个对农用地质量分等定级的评价，但这与农地利用绩效的评价还是有一定区别的。现有的对农地利用效果评价分部门各有重点进行的状况，主要是由农地利用绩效评价处于理论探索阶段现状决定的。由于各部门具体目标不同，缺乏统一的综合评价标准，因此难以达到农地利用统一量化的效果。

在现有研究的基础上，结合陕西省的实际情况，利用关键绩效指标法（key performance index，KPI），主要依据科学性、系统性及可操作性原则可建立陕西省农地利用绩效评价体系如图 7－3 所

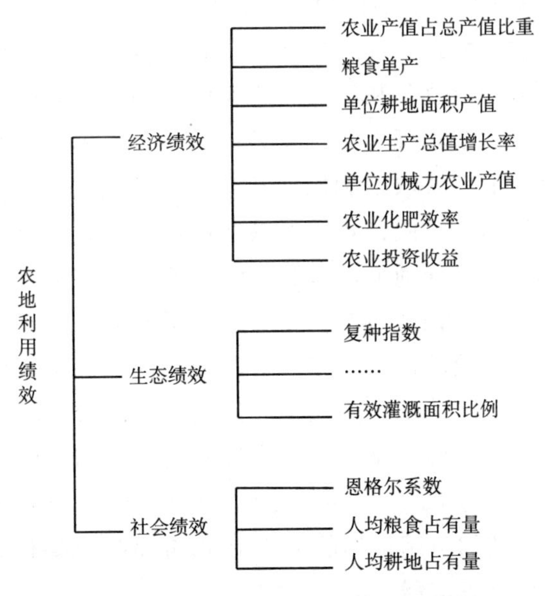

图 7－3　陕西省农地利用指标评价体系

示。关键绩效指标法是指对公司及组织运作过程中关键成功要素的提炼和归纳，是通过对组织内部流程的关键参数进行设置、取样、计算与分析，把企业战略目标分解为可运作的操作目标，达到量化管理指标，衡量流程绩效的一种方法[155]。研究中主要指通过找出农地利用三方面绩效的主要的、关键的、可直接评价的指标作为关键指标评价农地利用的绩效。指标设计的科学性原则是指所有指标的设计均以公认的科学理论为依据；系统性原则主要是将农地利用绩效看作一个整体，其绩效指标也应该是一个相互关联的统一体，能较全面地反映农地利用绩效；可操作性主要是从数据的获得性方面考虑，要求所有的指标可以从公开的权威资料获得。

由于本节实证的目的是验证农地产权制度对农地利用绩效的影响，研究的时间段为1949～2009年，考虑到相关指标数据的可获得性，对农地利用的生态绩效无法用相应的指标较全面的评价。如生态绩效中反映农用地对环境影响的指标“农地沙化面积比例”“农地污染面积比例”“灾害抗逆指数”“森林覆盖率”等无法获得其早期的相应数据，现有的能查找到的资料中只有反映农地利用程度的“复种指数”和反映农地利用对环境影响的“有效灌溉面积比例”这两个指标有详细统计的数据，但单凭这两个指标显然无法较全面地反映农地利用生态绩效。因此也就无法计算出农地利用绩效指数。对此，我们可以通过对农地利用经济绩效和社会绩效的评价来验证前面的理论假设，而对生态绩效可以采用统计描述的方法来验证。当然，如果我们研究的目的是对当前某一区域农地利用绩效的研究，完全可以较全面地评价农地利用生态绩效，当然也可以计算出其农地利用绩效指数值，同时还可以量化的评价农地利用经济绩效、生态绩效及社会绩效的协调度，这也是研究未来的方向之一。另外，极个别指标在1952年前没有统计数据，对此我们引用最早的一年1952年的数据替代处理。下面是对各指标的详细解释。

（1）衡量农地利用经济绩效的指标（见表 7－2）。

表 7－2　　　　衡量农地利用经济绩效的指标

指标名称	农业产值占总产值比重	编号	1
指标定义	是指农业总产值在国内生产总值所占的比例，表明了农业对国家经济发展所做的贡献，从另一方面反映了农地的生产能力		
设立目的	评价农地的生产能力；这一比值越高，说明农地生产能力越强		
数据来源	《陕西省统计年鉴（2011）》《新中国 60 年统计资料汇编—陕西篇》《陕西六十年（1949－2009）》		
指标名称	粮食单产	编号	2
指标定义	是指单位粮食播种面积的粮食产量，表明了农地生产粮食的能力		
设立目的	评价农地的生产能力；这一产值越高，说明农地生产能力越强		
数据来源	《陕西六十年（1949－2009）》《陕西省统计年鉴（2011）》《新中国 60 年统计资料汇编—陕西篇》《新中国农业 60 年统计资料》		
指标名称	单位耕地面积产值	编号	3
指标定义	是指农林牧渔业总产值与单位耕地面积比值，反映了耕地的生产能力		
设立目的	评价农地的生产能力；这一产值越高，说明农地生产能力越强		
数据来源	《陕西六十年（1949－2009）》《陕西省统计年鉴（2011）》《新中国 60 年统计资料汇编—陕西篇》		
指标名称	农业生产总值增长率	编号	4
指标定义	农业生产总值增长率是农业总产出与中间投入之差与农业总产出的比值，反映了农业投入与产出效率		
设立目的	评价农地的利用效率；这一比值越高，说明农地利用效率越高		
数据来源	《陕西六十年（1949－2009）》《陕西省统计年鉴（2011）》		
指标名称	单位机械力农业产值	编号	5
指标定义	是农业总产值与农业机械总动力之比，在一定程度上可以反映农地利用效率		
设立目的	评价农地的利用效率；这一产值越大，说明农地利用效率越高		
数据来源	《陕西六十年（1949－2009）》《陕西省统计年鉴（2011）》《新中国 60 年统计资料汇编—陕西篇》		
指标名称	农业化肥效率	编号	6
指标定义	是指农业总产值与化肥的投入量的比值。理论上还应该包括农药但由于数据可获得性原因，只能以化肥效率作为指标的内容		

续表

指标名称	农业化肥效率	编号	6
设立目的	评价农地的利用效率；这一数值越大，说明农地利用效率越高		
数据来源	《陕西六十年（1949－2009）》《陕西省统计年鉴（2011）》《新中国60年统计资料汇编—陕西篇》		
指标名称	农业投资收益	编号	7
指标定义	是指农林牧渔总产值与农业投入差额，由于农业投入数据资料无法全部获得，故用农业净产值来替代，以反映农业投入与产出的差额即农业投资效益		
设立目的	评价农地利用经济效益；其数值越大，说明农地利用效益越大		
数据来源	《陕西六十年（1949－2009）》《陕西省统计年鉴（2011）》《新中国60年统计资料汇编—陕西篇》		

（2）衡量农地利用生态绩效的指标（见表7－3）。

表7－3　衡量农地利用生态绩效的指标

指标名称	复种指数	编号	8
指标定义	是反映农地利用程度的指标，通过计算农作物的播种面积与耕地面积比值获得		
设立目的	评价农地的利用程度；复种指数越高，说明人们对农地利用程度越强		
数据来源	《陕西六十年（1949－2009）》《陕西省统计年鉴（1991－2011）》《新中国60年统计资料汇编—陕西篇》		
指标名称	有效灌溉面积比例	编号	9
指标定义	是指有效灌溉面积与总播种面积比值，反映了农地的灌溉水平		
设立目的	评价农地利用对环境影响；这一比例越大，说明灌溉水平越高，人们对环境影响越大		
数据来源	《陕西六十年（1949－2009）》《陕西省统计年鉴（2011）》《新中国60年统计资料汇编—陕西篇》		
指标名称	……	编号	10
指标定义	代表由于无法获得全面数据而未罗列的评价农地利用生态绩效的其他指标		
设立目的	评价农地利用对环境影响；正向指标值越大，生态绩效越高；负向指标值越小，农地利用生态绩效越高		
数据来源	实际调查、相关《陕西省土地利用现状数据集》和《陕西统计年鉴》等		

（3）衡量农地利用社会绩效的指标（见表 7－4）。

表 7－4　　衡量农地利用社会绩效的指标

指标名称	恩格尔系数	编号	11
指标定义	是指农村居民当年从各个来源渠道得到的总收入扣除获得收入所发生的费用后的收入总和；反映的是一个国家或地区农村居民收入的平均水平，可在一定程度上反映一定时期农民的生活水平		
设立目的	评价农民生活水平，系数越低，可认为农民生活水平越高		
数据来源	《陕西六十年（1949－2009）》《陕西省统计年鉴（1991－2011）》《新中国 60 年统计资料汇编—陕西篇》		
指标名称	人均粮食占有量	编号	12
指标定义	是指一定时期陕西省人均所占有的粮食产量，“无粮不稳”该指标在一定程度上可以反映一个社会的稳定程度		
设立目的	评价社会稳定程度，占有量越高，表明社会稳定程度越高		
数据来源	《陕西六十年（1949－2009）》《陕西省统计年鉴（2011）》《新中国 60 年统计资料汇编—陕西篇》		
指标名称	人均耕地占有量	编号	13
指标定义	是指一定时期陕西省人均所占有的耕地面积；在一定程度上能够说明社会的稳定程度		
设立目的	评价社会稳定程度，人均耕地量数值越大，社会稳定程度越高		
数据来源	《陕西六十年（1949－2009）》《陕西省统计年鉴（2011）》《新中国 60 年统计资料汇编—陕西篇》		

7.2.1.2　农地利用绩效评价方法的选择

从研究方法看，由于影响土地利用目标的因素众多，研究者多采用多因素综合评价法。多指标综合分析法是由我国学者黄硕风研究员，依据国际综合国力竞争的发展动向，按照其建立的“综合国力动态方程”及“综合国力盛衰动态方程”的思路而设计的。这是一种定性与定量分析相结合的体系集成方法，主要用以测算国家综合力的演变及其盛衰的动向（卢青、樊松林，2007）。其基本原理是将有多个变量的被评价系统表示为各方面性能的指标，通过将各指标转化成无量纲化的相对评价值，并借助数学方法与计算机软件进行综合计算，以得出对综合国力系统的整体评价值。本书对农地利用评价借助该方法。首先建立对农地利用评价指标层次模型；其次对各基础指标数值进行标准化处理；再其次利用层次分析法确定各指标的权重系数；最后综合评价农地利用绩效。

第一，层次分析模型建立。首先将所要评价的总指标作为目标层（农地利用绩效）；其次依据不同的属性把总评价指标分解成三个分指标作为准则层（农地利用经济、生态与社会绩效），最后对准则层各指标再进行分解（子准则层），依此进行，一直分解到基本的项目指标为止，这一类指标在实际中是可以直观统计的①。

第二，利用功效函数无量纲化指标。由于反映总指标各方面性能的指标在单位、性质方面不同，其量纲、表现形式差别较大，不具有可比性。因此，在进行综合评价时，需要将各种指标进行无量纲化处理，通过一定的数学方法消除原始数据量纲影响，研究将借助于功效函数法来完成[156]。依据指标类型选取以下公式将有量纲值转化为无量纲值。

当 $U_{A(Xi)}$ 为正向指标时，即指标值越大越好时，有：

$$U_{A(ui)} = \frac{X_i - b_i}{a_i - b_i}\begin{cases} 1 & x_i \geqslant a_i \\ \dfrac{X_i - b_i}{a_i - b_i} & b_i < x_i < a_i \\ 0 & x_i \leqslant b_i \end{cases} \qquad (7-1)$$

当 $U_{A(Xi)}$ 为逆向指标时，即指标值越小越好时，有：

$$U_{A(ui)} = \frac{a_i - X_i}{a_i - b_i}\begin{cases} 1 & x_i \leqslant b_i \\ \dfrac{a_i - X_i}{a_i - b_i} & b_i < x_i < a_i \\ 0 & x_i \geqslant a_i \end{cases} \qquad (7-2)$$

① 前面的指标体系就是按此模型建立的，这里不再重复。

其中，$U_{A(ui)}$为指标 u_i对系统的功效函数值，A 表示土地利用现状系统稳定区域；u_i表示指标变量；X_i表示指标实际统计值；a_i表示指标的上限，也是正向指标量应达到的目标值；b_i表示指标的下限，研究中分别选取对应指标的最大值与最小值。

第三，利用层次分析法（AHP）确定各指标的权重系数。权重系数表示下一层次的指标对上一层次指标的重要程度或贡献程度。基本做法为：首先，引入美国运筹学家托马斯·赛蒂（T. L. Saaty）提出的相对重要性标度（见附录中第二个调查表），组织三名以上的专家从层次结构模型的第二层开始，对从属于上一层每个因素的同一层诸因素，用成对比较法和相对重要性标度构造两两比较矩阵，直到最下层，得到判断矩阵 $\bar{A} = (a_{ij})_{n \times n}$。

然后，计算权向量并作一致性检验。计算每一个成对比较矩阵的最大特征根以及对应的特征向量，利用一致性指标、随机一致性指标和一致性指标比率做一致性检验。若通过检验，归一化后特征向量即权向量。否则重新构造成对比较矩阵。对特征向量的计算方法研究中主要采用规范列平均法，即先求出两两比较矩阵每一列的总和，然后把两两比较矩阵的每一元素除以其相应列的总和，所得的商组成的新矩阵称其为标准两两比较矩阵（归一化处理），最后计算两两比较矩阵每一行的平均值，即为所求的权重向量。两两比较矩阵的元素是通过两个因素两两比较得到的，而在很多这样的比较中，往往可能得到一些不一致的结论。如当因素 t、i、j 的重要性很接近时，两两比较，很可能得出 t 比 i 重要，i 比 j 重要而 j 比 t 重要的矛盾结论。这也说明要完全达到判断的一致性是非常困难的，因此允许在一致性上有一定的偏差。并用指标一致性率 CR 来判定。当 $CR \leqslant 0.1$ 时，认为两两比较矩阵的一致性可以接受，否则，必须重新进行两两比较判断。这里 $CR = \frac{CI}{RI}$，其中 CI 为一致性指标；其计算如下：由被检验的两两比较矩阵乘以其特征向量，所得的向量称为赋权和向量；每个赋权和向量的分量除以对应的特征向量的分量；计算上步中各结果的平均值即为

λ_{max}, $CI = \frac{\lambda_{max} - n}{n - 1}$（$n$ 为比较因素的数目），RI 是自由度指标，由于在此方法中判断的一致性与比较因素的多少有一定关系，比较因素越多，或者两两比较矩阵维数较多时，判断的一致性就越差，故应该放宽对维数较高的两两矩阵一致性要求，为此引入修正值 RI（RI = CI/CR），RI 与维数的对应值见表 7－5。

表 7－5　　　　RI 的修正值

维数 n	1	2	3	4	5	6	7	8	9
RI	0.0	0.00	0.58	0.96	1.12	1.24	1.32	1.41	1.45

资料来源：薛声家，左小德．管理运筹学［M］．广州：暨南大学出版社，2010.

最后，计算组合权向量并做组合一致性检验。计算最底层指标对总目标的组合向量权重，并运用 RI 进行一致性检验，若检验通过，即可确定组合权重，否则考虑修改模型或重新构造判断矩阵。

第四，综合评价农地利用绩效。求出各“子”指标评价值后，需要通过一定的模型进行合成，以求出最终的总目标综合评价值。研究主要采用线性加权和模型来合成总目标评价值。该模型为 $P = \sum_{i=1}^{n} M_i X_i$，其中 P 为“上一层”指标价值；$X_i$为第 i 个“下一层”指标的评价值；$M_i$为第 i 个“下一层”指标相对于“上一层”指标的权重系数，因此 $\sum_{i=1}^{n} M_i = 1$；n 为“上一层”指标的“下一层”指标个数。以农地利用绩效相关因素的统计或观测值为依据，结合陕西省农地实际状况，运用综合评价法可以评价农地利用绩效。

7.2.2　陕西省农地利用绩效评价

本小节首先依据功效函数将陕西省 1949～2009 年多项基本指标原始数据转化为标准值，分别见表 7－6、表 7－7；其次利用层次分析法在对陕西省农业厅、国土厅与环保厅相关专家调研的基础上，利

表 7－6　　陕西省 1949～2009 年农地利用绩效分解基本指标原始值(续)

年份	农业产值占总产值比重(%)	粮食单产(千克/公顷)	单位耕地面积产值(元/公顷)	农业生产总值增长率(%)	单位机械力农业产值(万元/千瓦)	农业化肥效率(元/公斤)	农业投资收益(亿元)	复种指数(%)	有效灌溉面积比例(%)	恩格尔系数(%)	人均粮食占有量(公斤)	人均耕地占有量(公顷)
1949	61.97	786	18.23	76.52	799.46	1598.92	6.1	108	4.65	61.18	251.40	0.33
1950	70.12	841	20.07	76.18	904.51	1809.02	6.9	110	4.96	61.18	264.43	0.32
1951	84.59	927	24.05	75.80	1091.17	454.65	8.3	114	5.17	61.18	285.52	0.31
1952	83.66	862	23.70	75.95	1075.00	238.89	8.2	116	5.71	61.18	260.14	0.30
1953	81.58	1032	31.24	75.38	1422.71	273.60	10.7	117	6.29	61.18	298.14	0.28
1954	79.31	1080	34.91	75.48	794.72	158.94	12.0	117	6.65	61.18	305.57	0.28
1955	70.49	962	32.09	76.59	85.33	54.95	11.1	118	6.96	61.18	263.11	0.26
1956	69.19	1100	42.21	77.34	32.95	45.36	14.5	127	8.10	58.44	309.51	0.25
1957	69.29	915	39.96	72.25	22.43	39.56	12.8	126	9.07	61.04	246.26	0.25
1958	60.35	1057	44.15	70.08	7.04	28.45	13.1	132	9.93	65.71	280.29	0.23
1959	51.40	1096	44.85	67.49	3.48	27.83	12.3	125	11.52	62.67	251.99	0.22
1960	47.06	879	44.32	67.76	2.14	26.90	12.2	135	10.91	59.26	210.65	0.21
1961	70.21	794	54.14	68.11	2.29	50.60	15.1	132	11.16	64.58	190.96	0.21
1962	72.09	835	46.41	67.08	1.55	39.26	13.0	128	11.74	67.62	199.20	0.21

续表

年份	农业产值占总产值比重（%）	粮食单产（千克/公顷）	单位耕地面积产值（元/公顷）	农业生产总值增长率（%）	单位机械力农业产值（万元/千瓦）	农业化肥效率（元/公斤）	农业投资收益（亿元）	复种指数（%）	有效灌溉面积比例（%）	恩格尔系数（%）	人均粮食占有量（公斤）	人均耕地占有量（公顷）
1963	66.91	922	43.77	69.51	1.06	38.06	12.7	129	12.26	64.21	214.25	0.20
1964	62.54	923	43.02	70.64	0.92	28.58	13.0	130	12.63	63.64	213.10	0.20
1965	65.85	1245	54.64	71.90	0.98	12.89	17.0	130	11.18	64.65	283.35	0.20
1966	56.23	1199	53.15	70.84	0.87	7.90	16.1	133	12.08	65.00	268.69	0.20
1967	62.37	1196	54.64	71.34	0.77	7.58	16.4	128	12.77	62.92	249.11	0.19
1968	72.95	1071	49.43	70.49	0.61	14.62	14.5	125	13.23	65.35	211.55	0.18
1969	56.72	1253	55.27	71.66	0.53	7.54	16.6	124	14.12	63.06	243.82	0.18
1970	55.85	1289	64.08	70.26	0.40	8.02	18.4	131	15.68	64.71	247.53	0.17
1971	53.39	1488	76.64	71.50	0.29	8.86	22.0	128	18.77	64.35	264.85	0.16
1972	51.22	1434	74.27	68.19	0.22	7.66	20.2	129	19.45	57.26	245.69	0.16
1973	51.93	1541	78.47	69.49	0.18	6.09	21.5	130	20.62	57.94	258.62	0.15
1974	51.50	1718	81.37	70.68	0.14	6.83	22.6	130	22.11	55.93	282.49	0.15
1975	52.30	1855	86.92	68.03	0.12	6.33	23.1	131	22.98	56.67	301.08	0.15
1976	53.77	1804	87.37	68.36	0.11	5.90	23.1	131	23.06	58.59	285.08	0.14

续表

年份	农业产值占总产值比重（%）	粮食单产（千克/公顷）	单位耕地面积产值（元/公顷）	农业生产总值增长率（%）	单位机械力农业产值（万元/千瓦）	农业化肥效率（元/公斤）	农业投资收益（亿元）	复种指数（%）	有效灌溉面积比例（%）	恩格尔系数（%）	人均粮食占有量（公斤）	人均耕地占有量（公顷）
1977	48.11	1757	87.12	69.61	0.10	5.18	23.4	134	23.94	58.96	282.26	0.14
1978	44.75	1780	94.13	67.18	0.09	3.32	24.4	136	23.07	59.73	287.87	0.14
1979	48.52	2113	119.47	71.87	0.11	3.47	33.0	133	24.21	59.71	324.01	0.14
1980	44.12	1756	109.75	68.95	0.09	3.40	28.9	133	24.61	62.16	267.40	0.13
1981	45.52	1839	122.65	73.05	0.09	4.24	33.9	128	25.81	62.72	261.78	0.13
1982	50.82	2299	150.71	66.97	0.11	4.17	38.1	125	26.34	62.80	318.53	0.13
1983	49.40	2383	162.18	66.74	0.11	3.90	40.7	127	26.02	62.00	329.24	0.13
1984	49.34	2550	199.91	67.72	0.13	4.04	49.9	128	25.07	62.80	345.08	0.12
1985	44.00	2401	219.40	64.75	0.14	4.57	51.5	129	25.28	60.10	317.09	0.12
1986	41.86	2428	242.88	64.29	0.15	4.62	56.1	130	26.62	60.40	317.39	0.12
1987	42.21	2405	290.22	64.13	0.17	5.22	66.3	135	26.26	57.40	319.92	0.12
1988	41.50	2414	367.56	62.95	0.20	5.69	82.2	135	25.91	55.80	313.25	0.11
1989	41.25	2556	417.42	62.08	0.22	5.53	91.8	137	25.81	55.40	328.11	0.11
1990	42.04	2590	481.06	62.08	0.24	5.46	105.5	138	25.99	52.30	322.89	0.11

续表

年份	农业产值占总产值比重(%)	粮食单产(千克/公顷)	单位耕地面积产值(元/公顷)	农业生产总值增长率(%)	单位机械力农业产值(万元/千瓦)	农业化肥效率(元/公斤)	农业投资收益(亿元)	复种指数(%)	有效灌溉面积比例(%)	恩格尔系数(%)	人均粮食占有量(公斤)	人均耕地占有量(公顷)
1991	39.58	2561	526.44	62.84	0.26	5.41	116.5	139	26.27	51.90	311.33	0.10
1992	38.62	2541	588.75	60.52	0.28	5.60	124.3	140	26.69	58.40	302.97	0.10
1993	36.93	3002	724.27	62.01	0.34	6.33	155.3	138	27.55	57.10	353.06	0.10
1994	36.04	2302	883.90	60.11	0.41	7.01	181.8	140	27.59	60.10	271.36	0.10
1995	36.81	2399	1124.66	59.40	0.49	8.01	226.7	133	29.81	59.30	260.01	0.10
1996	36.88	3004	1335.11	59.74	0.56	9.21	267.9	142	26.95	56.80	343.58	0.09
1997	33.41	2740	1370.19	58.52	0.51	9.50	266.6	135	28.71	52.80	292.55	0.09
1998	32.87	3233	1451.47	58.60	0.51	9.53	280.9	142	27.76	50.00	362.37	0.09
1999	28.41	2686	1397.25	59.57	0.45	34.28	269.5	146	27.70	47.60	298.95	0.09
2000	25.77	2850	1492.92	59.09	0.44	35.44	274.7	146	28.71	43.50	298.87	0.09
2001	23.82	2776	1614.51	50.21	0.44	36.54	240.4	144	30.81	41.90	266.91	0.08
2002	22.59	2960	1783.22	51.52	0.44	38.60	262.3	147	31.32	37.90	273.71	0.08
2003	19.76	3067	1828.64	59.20	0.42	35.82	302.7	146	31.09	39.30	262.44	0.08
2004	20.51	3451	2329.46	57.10	0.50	45.50	371.8	154	30.14	42.40	313.19	0.08

续表

年份	农业产值占总产值比重(%)	粮食单产(千克/公顷)	单位耕地面积产值(元/公顷)	农业生产总值增长率(%)	单位机械力农业产值(万元/千瓦)	农业化肥效率(元/公斤)	农业投资收益(亿元)	复种指数(%)	有效灌溉面积比例(%)	恩格尔系数(%)	人均粮食占有量(公斤)	人均耕地占有量(公顷)
2005	19.37	3300	2620.54	59.64	0.52	49.61	435.8	157	29.58	42.90	306.32	0.07
2006	18.16	3381	2951.68	59.01	0.57	54.87	484.8	143	32.94	39.00	278.96	0.07
2007	18.35	3445	3530.25	59.09	0.64	63.15	592.6	142	31.83	36.80	284.93	0.08
2008	18.65	3558	4486.29	58.98	0.75	77.03	753.7	150	29.60	37.40	305.93	0.08
2009	16.37	3610	4675.53	59.05	0.75	73.75	789.6	145	31.89	37.30	303.57	0.08

表7-7　陕西省1949~2009年农地利用绩效分解基本指标标准值(续)

年份	农业产值占总产值比重(%)	粮食单产(千克/公顷)	单位耕地面积产值(元/公顷)	农业生产总值增长率(%)	单位机械力农业产值(万元/千瓦)	农业化肥效率(元/公斤)	农业投资收益(亿元)	复种指数(%)	有效灌溉面积比例(%)	恩格尔系数(%)	人均粮食占有量(公斤)	人均耕地占有量(公顷)
1949	0.668	0.000	0.000	0.970	0.56190	0.884	0.000	0.000	0.000	0.209	0.373	1.000
1950	0.788	0.019	0.000	0.957	0.63574	1.000	0.001	0.041	0.011	0.209	0.453	0.962
1951	1.000	0.050	0.001	0.943	0.76695	0.250	0.003	0.122	0.018	0.209	0.583	0.923

续表

年份	农业产值占总产值比重(%)	粮食单产(千克/公顷)	单位耕地面积产值(元/公顷)	农业生产总值增长率(%)	单位机械力农业产值(万元/千瓦)	农业化肥效率(元/公斤)	农业投资收益(亿元)	复种指数(%)	有效灌溉面积比例(%)	恩格尔系数(%)	人均粮食占有量(公斤)	人均耕地占有量(公顷)
1952	0.986	0.027	0.001	0.949	0.75558	0.130	0.003	0.163	0.037	0.209	0.427	0.885
1953	0.956	0.087	0.003	0.928	1.00000	0.150	0.006	0.184	0.058	0.209	0.661	0.808
1954	0.923	0.104	0.004	0.931	0.55857	0.086	0.008	0.184	0.071	0.209	0.707	0.808
1955	0.793	0.062	0.003	0.972	0.05992	0.029	0.006	0.204	0.082	0.209	0.445	0.731
1956	0.774	0.111	0.005	1.000	0.02310	0.023	0.011	0.388	0.122	0.298	0.731	0.692
1957	0.776	0.046	0.005	0.812	0.01570	0.020	0.009	0.367	0.156	0.213	0.341	0.692
1958	0.645	0.096	0.006	0.732	0.00489	0.014	0.009	0.490	0.187	0.062	0.551	0.615
1959	0.513	0.110	0.006	0.637	0.00238	0.014	0.008	0.347	0.243	0.161	0.376	0.577
1960	0.450	0.033	0.006	0.647	0.00144	0.013	0.008	0.551	0.221	0.271	0.121	0.538
1961	0.789	0.003	0.008	0.660	0.00155	0.026	0.011	0.490	0.230	0.099	0.000	0.538
1962	0.817	0.017	0.006	0.622	0.00103	0.020	0.009	0.408	0.251	0.000	0.051	0.538
1963	0.741	0.048	0.005	0.711	0.00068	0.019	0.008	0.429	0.269	0.111	0.144	0.500
1964	0.677	0.049	0.005	0.753	0.00058	0.014	0.009	0.449	0.282	0.129	0.137	0.500
1965	0.725	0.163	0.008	0.799	0.00063	0.005	0.014	0.449	0.231	0.096	0.570	0.500

续表

年份	农业产值占总产值比重（%）	粮食单产（千克/公顷）	单位耕地面积产值（元/公顷）	农业生产总值增长率（%）	单位机械力农业产值（万元/千瓦）	农业化肥效率（元/公斤）	农业投资收益（亿元）	复种指数（%）	有效灌溉面积比例（%）	恩格尔系数（%）	人均粮食占有量（公斤）	人均耕地占有量（公顷）
1966	0.584	0.146	0.007	0.760	0.00055	0.002	0.013	0.510	0.263	0.085	0.480	0.500
1967	0.674	0.145	0.008	0.779	0.00048	0.002	0.013	0.408	0.287	0.152	0.359	0.462
1968	0.829	0.101	0.007	0.748	0.00037	0.006	0.011	0.347	0.303	0.074	0.127	0.423
1969	0.591	0.165	0.008	0.791	0.00031	0.002	0.013	0.327	0.335	0.148	0.326	0.423
1970	0.579	0.178	0.010	0.739	0.00022	0.003	0.016	0.469	0.390	0.094	0.349	0.385
1971	0.543	0.249	0.013	0.785	0.00014	0.003	0.020	0.408	0.499	0.106	0.456	0.346
1972	0.511	0.229	0.012	0.663	0.00009	0.002	0.018	0.429	0.523	0.336	0.338	0.346
1973	0.521	0.267	0.013	0.711	0.00006	0.001	0.020	0.449	0.565	0.314	0.417	0.308
1974	0.515	0.330	0.014	0.755	0.00004	0.002	0.021	0.449	0.617	0.379	0.565	0.308
1975	0.527	0.379	0.015	0.657	0.00002	0.002	0.022	0.469	0.648	0.355	0.679	0.308
1976	0.548	0.360	0.015	0.669	0.00001	0.001	0.022	0.469	0.651	0.293	0.581	0.269
1977	0.465	0.344	0.015	0.715	0.00001	0.001	0.022	0.531	0.682	0.281	0.563	0.269
1978	0.416	0.352	0.016	0.626	0.00000	0.000	0.023	0.571	0.651	0.256	0.598	0.269
1979	0.471	0.470	0.022	0.798	0.00001	0.000	0.034	0.510	0.691	0.257	0.821	0.269

续表

年份	农业产值占总产值比重(%)	粮食单产(千克/公顷)	单位耕地面积产值(元/公顷)	农业生产总值增长率(%)	单位机械力农业产值(万元/千瓦)	农业化肥效率(元/公斤)	农业投资收益(亿元)	复种指数(%)	有效灌溉面积比例(%)	恩格尔系数(%)	人均粮食占有量(公斤)	人均耕地占有量(公顷)
1980	0. 407	0. 343	0. 020	0. 691	0. 00000	0. 000	0. 029	0. 510	0. 706	0. 177	0. 472	0. 231
1981	0. 427	0. 373	0. 022	0. 842	0. 00000	0. 000	0. 035	0. 408	0. 748	0. 159	0. 437	0. 231
1982	0. 505	0. 536	0. 028	0. 618	0. 00001	0. 000	0. 041	0. 347	0. 767	0. 156	0. 787	0. 231
1983	0. 484	0. 566	0. 031	0. 609	0. 00001	0. 000	0. 044	0. 388	0. 755	0. 182	0. 853	0. 231
1984	0. 483	0. 625	0. 039	0. 645	0. 00003	0. 000	0. 056	0. 408	0. 722	0. 156	0. 951	0. 192
1985	0. 405	0. 572	0. 043	0. 536	0. 00004	0. 001	0. 058	0. 429	0. 729	0. 244	0. 778	0. 192
1986	0. 374	0. 581	0. 048	0. 519	0. 00004	0. 001	0. 064	0. 449	0. 777	0. 234	0. 780	0. 192
1987	0. 379	0. 573	0. 058	0. 513	0. 00006	0. 001	0. 077	0. 551	0. 764	0. 332	0. 796	0. 192
1988	0. 368	0. 576	0. 075	0. 470	0. 00008	0. 001	0. 097	0. 551	0. 752	0. 384	0. 754	0. 154
1989	0. 365	0. 627	0. 086	0. 438	0. 00009	0. 001	0. 109	0. 592	0. 748	0. 396	0. 846	0. 154
1990	0. 376	0. 639	0. 099	0. 438	0. 00011	0. 001	0. 127	0. 612	0. 754	0. 497	0. 814	0. 154
1991	0. 340	0. 629	0. 109	0. 466	0. 00012	0. 001	0. 141	0. 633	0. 764	0. 510	0. 743	0. 115
1992	0. 326	0. 621	0. 123	0. 380	0. 00013	0. 001	0. 151	0. 653	0. 779	0. 299	0. 691	0. 115
1993	0. 301	0. 785	0. 152	0. 435	0. 00018	0. 002	0. 190	0. 612	0. 809	0. 341	1. 000	0. 115
1994	0. 288	0. 537	0. 186	0. 365	0. 00022	0. 002	0. 224	0. 653	0. 811	0. 244	0. 496	0. 115

续表

年份	农业产值占总产值比重（%）	粮食单产（千克/公顷）	单位耕地面积产值（元/公顷）	农业生产总值增长率（%）	单位机械力农业产值（万元/千瓦）	农业化肥效率（元/公斤）	农业投资收益（亿元）	复种指数（%）	有效灌溉面积比例（%）	恩格尔系数（%）	人均粮食占有量（公斤）	人均耕地占有量（公顷）
1995	0. 300	0. 571	0. 238	0. 339	0. 00028	0. 003	0. 282	0. 510	0. 889	0. 270	0. 426	0. 115
1996	0. 301	0. 785	0. 283	0. 351	0. 00033	0. 003	0. 334	0. 694	0. 788	0. 351	0. 942	0. 077
1997	0. 250	0. 692	0. 290	0. 306	0. 00030	0. 003	0. 332	0. 551	0. 850	0. 481	0. 627	0. 077
1998	0. 242	0. 867	0. 308	0. 309	0. 00030	0. 003	0. 351	0. 694	0. 817	0. 572	1. 057	0. 077
1999	0. 176	0. 673	0. 296	0. 345	0. 00025	0. 017	0. 336	0. 776	0. 815	0. 650	0. 666	0. 077
2000	0. 138	0. 731	0. 317	0. 327	0. 00025	0. 018	0. 343	0. 776	0. 850	0. 783	0. 666	0. 077
2001	0. 109	0. 705	0. 343	0. 000	0. 00025	0. 018	0. 299	0. 735	0. 925	0. 835	0. 469	0. 038
2002	0. 091	0. 770	0. 379	0. 048	0. 00025	0. 019	0. 327	0. 796	0. 943	0. 964	0. 510	0. 038
2003	0. 050	0. 808	0. 389	0. 331	0. 00023	0. 018	0. 379	0. 776	0. 935	0. 919	0. 441	0. 038
2004	0. 061	0. 944	0. 496	0. 254	0. 00029	0. 023	0. 467	0. 939	0. 901	0. 818	0. 754	0. 038
2005	0. 044	0. 890	0. 559	0. 348	0. 00030	0. 026	0. 548	1. 000	0. 881	0. 802	0. 712	0. 000
2006	0. 026	0. 919	0. 630	0. 324	0. 00034	0. 029	0. 611	0. 714	1. 000	0. 929	0. 543	0. 000
2007	0. 029	0. 942	0. 754	0. 327	0. 00039	0. 033	0. 749	0. 694	0. 961	1. 000	0. 580	0. 038
2008	0. 033	0. 982	0. 959	0. 323	0. 00046	0. 041	0. 954	0. 857	0. 882	0. 981	0. 709	0. 038
2009	0. 000	1. 000	1. 000	0. 326	0. 00046	0. 039	1. 000	0. 755	0. 963	0. 984	0. 695	0. 038

用北京理工大学管理与经济学院韩伯棠教授开发的管理运筹学软件2.5版确定农地利用各级指标的相对于上一级指标的权重值见表7－8，调查结果及软件处理结果见附录中表三；最后利用综合评价模型评价1949～2009年陕西省农地利用绩效见表7－9。

表7－8　　陕西省农地利用绩效各指标的权重

目标层	准则层	基本指标	权　重
农地利用绩效	经济绩效（0.5247）	农业产值占总产值比重	0.0344
		粮食单产	0.0741
		单位耕地面积产值	0.0741
		农业生产总值增长率	0.0741
		单位机械力农业产值	0.2924
		农业化肥效率	0.2924
		农业投资收益	0.1583
	生态绩效（0.1416）	复种指数	—
		有效灌溉面积比例	—
		……	—
	社会绩效（0.3338）	恩格尔系数	0.3339
		人均粮食占有量	0.5678
		人均耕地占有量	0.0982

表7－9　　陕西省1949～2009年农地利用绩效（续）

年份	经济绩效	生态绩效	社会绩效	农地利用绩效
1949	0.518（良好）	……	0.380（中）	……
1950	0.578（良好）	……	0.421（中）	……
1951	0.406（较好）	……	0.491（中）	……
1952	0.366（较好）	……	0.399（中）	……
1953	0.446（较好）	……	0.524（上）	……
1954	0.298（一般）	……	0.551（上）	……
1955	0.131（一般）	……	0.394（中）	……
1956	0.125（一般）	……	0.583（上）	……

续表

年份	经济绩效	生态绩效	社会绩效	农地利用绩效
1957	0.103（一般）	……	0.333（中）	……
1958	0.091（差）	……	0.394（中）	……
1959	0.080（差）	……	0.324（中）	……
1960	0.072（差）	……	0.212（下）	……
1961	0.087（差）	……	0.086（下）	……
1962	0.083（差）	……	0.082（下）	……
1963	0.089（差）	……	0.168（下）	……
1964	0.089（差）	……	0.170（下）	……
1965	0.101（一般）	……	0.405（中）	……
1966	0.091（差）	……	0.350（中）	……
1967	0.095（差）	……	0.300（中）	……
1968	0.096（差）	……	0.138（下）	……
1969	0.094（差）	……	0.276（下）	……
1970	0.092（差）	……	0.267（下）	……
1971	0.100（一般）	……	0.328（中）	……
1972	0.088（差）	……	0.338（中）	……
1973	0.095（差）	……	0.372（中）	……
1974	0.103（一般）	……	0.478（中）	……
1975	0.100（一般）	……	0.534（上）	……
1976	0.100（一般）	……	0.454（中）	……
1977	0.099（差）	……	0.440（中）	……
1978	0.092（差）	……	0.451（中）	……
1979	0.117（较好）	……	0.578（上）	……
1980	0.097（一般）	……	0.350（中）	……
1981	0.112（一般）	……	0.324（中）	……
1982	0.111（一般）	……	0.522（上）	……
1983	0.113（一般）	……	0.568（上）	……
1984	0.122（一般）	……	0.611（上）	……
1985	0.109（一般）	……	0.542（上）	……

续表

年份	经济绩效	生态绩效	社会绩效	农地利用绩效
1986	0.108（一般）	……	0.540（上）	……
1987	0.110（一般）	……	0.582（上）	……
1988	0.111（一般）	……	0.571（上）	……
1989	0.115（一般）	……	0.628（上）	……
1990	0.121（一般）	……	0.643（上）	……
1991	0.124（一般）	……	0.603（上）	……
1992	0.119（一般）	……	0.503（上）	……
1993	0.143（一般）	……	0.693（上）	……
1994	0.127（一般）	……	0.374（中）	……
1995	0.141（一般）	……	0.343（中）	……
1996	0.169（一般）	……	0.660（上）	……
1997	0.158（一般）	……	0.524（上）	……
1998	0.175（一般）	……	0.799（上）	……
1999	0.162（一般）	……	0.603（上）	……
2000	0.166（一般）	……	0.647（上）	……
2001	0.134（一般）	……	0.549（上）	……
2002	0.149（一般）	……	0.615（上）	……
2003	0.180（一般）	……	0.561（上）	……
2004	0.208（一般）	……	0.705（上）	……
2005	0.229（一般）	……	0.672（上）	……
2006	0.245（一般）	……	0.619（上）	……
2007	0.279（一般）	……	0.667（上）	……
2008	0.332（较好）	……	0.734（上）	……
2009	0.342（较好）	……	0.727（上）	……

为了能清晰反映出不同农地产权结构阶段陕西省农地利用绩效的变化，我们对上述表格中相关数值及其区间赋予一定状态。若经济绩效为 Q_e，当 $Q_e \geq 0.5$ 时，赋予绩效“良好”状态；当 $0.3 \leq$

$Q_e<0.5$ 时，赋予绩效“较好”状态；当 $0.1\leqslant Q_e<0.3$ 时可赋予绩效“一般”状态；当 $Q_e<0.1$ 时，认为经济绩效状态为“差”。同样，令社会绩效为 Q_s，当 $Q_s\geqslant 5$ 时，赋予绩效“上”状态；当 $3\leqslant Q_s<5$ 时，赋予绩效“中”状态；当 $Q_e<3$ 时可赋予绩效“下”状态；各年份经济绩效与社会绩效的状态值已经依据上述各自规定罗列于绩效指数之后。通过这种定性的状态赋予，可以大体上看出陕西省 1949～2009 年农地利用绩效变化。

7.3　陕西省农地产权变革与农地利用绩效关系实证分析

理论分析部分借助农地产权—农户行为——农地利用绩效这一分析框架，我们得出三个假设结论分别是“农地产权会通过农户行为影响农地利用绩效。其中所有权主体为农户有利于农地利用经济绩效的提高，所有权主体为国家有利于生态绩效与社会绩效的提高，所有权主体为集体对农地利用绩效作用的发挥有赖于其组织形式完善程度；农地使用权主体应该为农户，使用权权能界定越清晰、稳定性越高，农地利用绩效综合值越高；产权内部各项权力越完整，越趋于完全，农地利用的绩效越高”。下面通过陕西省的具体数据来验证上述结论。图 7－4、图 7－5 是 1949～2009 年陕西省农地利用经济绩效与社会绩效变化趋势图，通过图表，可以更直观地看出这些指标值在 60 多年间的变化。

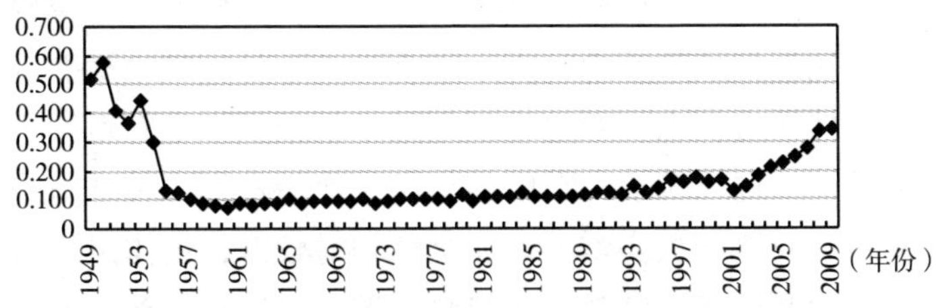

图 7－4　1949～2009 年陕西省农地利用经济绩效变化

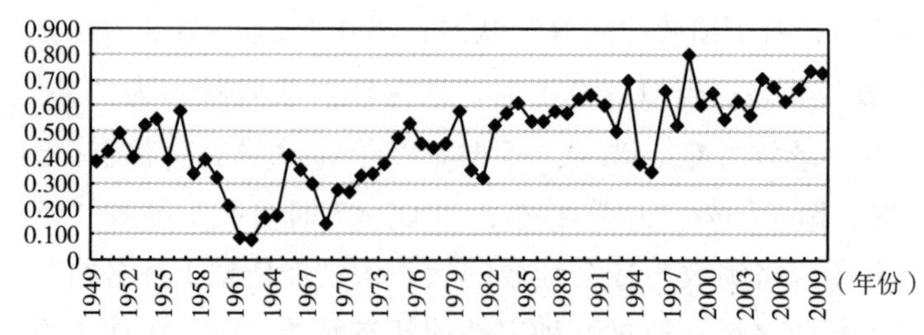

图 7－5　1949～2009 年陕西省农地利用社会绩效变化

7.3.1　农地产权结构与农地利用经济绩效关系

通过分析上述陕西省 1949～2009 年农地利用绩效变化，可以发现，1950 年农地利用经济绩效在这 60 多年间是最好的，这一年农业对经济发展的贡献最大；1949～1952 年农地利用经济绩效值较高；1953～1956 年，经济绩效开始下滑；1957～1978 年经济绩效总体处于低迷状态；1978～2007 年，农地利用经济绩效开始平稳上升，2008～2009 年，经济绩效值有了大幅增长。

经济绩效的这种变化与农地产权结构的变迁不谋而合，1949～1952 年，通过强制性农地产权变革，农户拥有较完整的农地产权，农地所有权、使用权等产权主体均为农户，这极大地刺激了农地利用经济绩效的增长；而且这一时期，产权完整性、完全性相对较好，农地利用经济与社会绩效均不错，出现研究时间段的最高经济绩效值，说明农地所有权主体为农户有利于农地利用经济绩效提高。

1953～1955 年尽管农地所有权主体为农户，但农地的经营权（实际利用农地权利）开始归属于互助组，农户利用农地积极性减弱，农地利用经济绩效开始下降；1956～1978 年，农地所有权与使用权均归集体所有，农户对农地利用处于消极状态，农地利用经济绩效总体低迷。这一时期，农地经营权（使用权）主体非农户，使用权不稳定，农地产权完整性、完全性相对较差，集体组织管理水平低下，农地利用经济绩效处于趋势线凹部，这在一定程度上从反面说明农地使用权主体为农户，使用权权利越稳定，界定越清楚，农地利用经济绩效越高。比较使用权权限为 15 年（1984 ~ 1998 年）与使用权权限为 30 年（1998 ~ 2008 年）两个时间段的农地利用经济绩效，可以验证农地使用权限越长，越有利于经济绩效提升。

从 1978 年年底开始，尽管农地所有权仍归集体，但使用权回到农户手中，极大地激发了农户积极利用农地的行为，经济绩效开始上升。可见“与国有制与集体所有制相比较，农地私有制（或农地使用权归农户）更能促进农地利用经济绩效的提升”。2008 年、2009 年两年农地利用经济绩效快速上升主要与 2008 年以来政府实行的农业政策以及对农地产权的不断完善有关。将 1978 ~ 2009 年、1949 ~ 1952 年农地利用经济绩效变化与其他年份相比较能进一步说明农地私有制（或农地使用权归农户）对经济绩效有着重要的促进作用。农地利用经济绩效与对应时间段农地产权结构变化进一步验证了农地产权的完整性、完全性对农地利用经济绩效的正面影响。

7.3.2　农地产权结构与农地利用社会、生态绩效关系

（1）农地产权结构与农地利用社会绩效变化。

从图 7 – 5 可以看出，陕西省农地利用社会绩效 1949 年以来总体呈上升的趋势，中间个别年份出现一些波动，主要是由于粮食生产在较大程度上受自然条件如干旱、水灾等影响。农地利用的社会绩效总体呈上升态势，说明陕西人民特别是农民的生活水平与社会稳定均呈现上升的良好势态。

1949 ~ 1952 年，农民所有的较完整的产权结构在促进农地利用经济绩效提高的同时，一个直接的结果就是生活水平的提高；同时“耕者有其田”的改革结果满足了农民千百年来的梦想，极大地促进了社会的稳定。

1953 ~ 1956 年，尽管农地使用权归“集体”，产权对农地的激励作用下降，但当时社会宣传的激励作用弥补了这一缺陷，社会稳定性并没有减弱，而且集体经营在一定程度上解决了农业投入不足问题，促进了农地利用社会绩效的上升，彰显了“集体产权在公共

产品供给方面的优势”。

1957～1978年，农地所有权、使用权及其相应收益权几乎全归属于集体，农户利用农地热情剧减，农地利用社会绩效处于中下状态，其中最低点在1960～1964年，主要是受那几年自然灾害的影响。这一时期农地所有权归集体，从理论上讲与农地私有相比，农地利用社会绩效应该比前一阶段好，因为近似于国有的集体更有利于公共产品的供应；但这一时期，由于受政治运动（“文化大革命”）影响，社会稳定性较差，加之自然灾害的影响，粮食产量下降；同时，由于农地利用经济绩效较差，农民生活水平难以提高，因此产权对社会绩效的作用几乎被内耗，农地利用社会绩效下降。

1978年之后，农地的使用权与所有权分离，所有权归集体，而使用权归农户，对使用权的拥有极大地促进了农地利用经济与社会绩效的提高，而所有权归集体部分地解决了“社会稳定、生活水平提高”这些社会公共产品的有效供给问题，因此农地利用社会绩效基本呈持续上升态势。这在一定程度上验证了“与农地私有制相比较，农地所有权归集体（或国家）时，更能有效地提供农地利用社会绩效公共产品”；农地产权结构演变与农地利用社会绩效变化的整个过程也验证了“农地产权结构越完整、完全，越有利于农地利用社会绩效的提高”这一结论。

（2）农地产权结构与农地利用生态绩效变化。

鉴于研究中对结论验证需要的时间段为1949年初期至2009年，因为部分数据的缺失客观上无法完全量化评价农地利用生态绩效。对此，一方面可以参照对社会绩效的评价来分析生态绩效，因为这两种绩效提供的产品均为公共产品，具有相同经济属性；另一方面可以通过现有可获得的相关数据说明问题。

1949年以来，在粗放发展方式的大背景下，人们基本忽视了对生态环境的保护。1949年陕西省森林面积仅为199万公顷，森林覆盖率9.7%。1999年响应国家遏制生态环境持续恶化的政策，陕西省率先在全国实施大规模的退耕还林工程，到2009年，陕西林地面积1123.2万公顷，占全省土地总面积的54.62%，森林覆盖率由退耕还林前的30.92%增长到37.26%，净增6.34个百分点，居全国第12位，人均森林面积达0.2公顷。1999～2009年全省共完成造林4157.7万公顷，是历史上造林最多的时期。其中退耕地造林225.17万公顷，使陕西成为全国退耕还林面积最大的省份，占全国退耕还林总面积的1/10。

1978年后，农地使用权归农户，基于对农地利用经济绩效的追求，人们不断加大对农地利用强度。1949年复种指数为108%，到2009年为145%，在保护环境与获得短期自身利益之间农户的选择必然会是后者，如施用化肥可以提高农地利用经济绩效，但过度使用会对农地造成污染。发达国家为防止化肥对土壤和水体造成危害，设置的安全上限按播种面积计算为22.5吨/平方公里，而2009年陕西省化肥的使用量为43.6吨/平方公里，远远超出发达国家所设置的上限。从上述国家退耕还林政策在陕西实施的效果及化肥施用量的情况明显可以看出，农地利用生态产品只有国家或其公共部门才能有效供给，不同产权结构对农地利用生态绩效会产生不同的影响。

一般而言，对绩效的评价都具有模糊性、不确定性，客观上无法通过精确的数学方法对其进行评价，但定量的分析能在一定程度上将问题科学化。借助于对农地利用绩效的量化评价，可以量化地分析农地产权结构对农地利用绩效的影响，尽管这种量化的分析能在一定程度上反映出不同产权结构下农地利用绩效的差异及验证我们的理论假设，但也只是定性地说明问题。正如诺斯所言“尽管明确的规则能给我们提供一个检验在不同条件下经济体绩效的实证数据的基本来源，然而这些规则与绩效之间事实上并不存在严格的一一对应关系”[141]。因此，上述实证检验只是一个理论检验，它与理论结论并不存在精确的一一对应关系，只是在一定程度上的一个说明。

7.4　本章小结

陕西省位于我国内陆腹地，农地资源禀赋南北中区域差异明显；

农用地占土地总面积比例较大；土地开发利用率较高，但生产水平在全国并不占优势。1949～2009 年，其农地利用绩效（经济绩效、社会绩效与生态绩效）基本上呈现出与产权结构演变同时间段的相应变化①。从对陕西省农地产权结构与农地利用绩效实证分析的结果看，“当农地所有权或使用权主体为农户时，对农地利用经济绩效的提高有较大的促进作用；农地所有权主体为集体相比较于农户更能有效地提供农地利用社会与生态绩效产品；使用权权能界定得越清晰，权利项越稳定对农地利用绩效正面作用越强；农地产权的权利项越完整、越完全，其对农地利用绩效的正面影响越大。”

① 这里对农地产权与经济绩效关系的分析很少考虑其他因素的影响，但这并不代表这些因素的影响不存在，只是在其他因素与农地产权共同影响产生的农地利用绩效轨迹中重点分析产权与绩效的关系。

第8章　持续利用目标下农地产权安排的需求

通过前面的理论分析与实证检验，可以明确：农地的产权能够通过作用于农户的行为来影响农地利用的绩效；作为一个动态的系统，农地利用绩效也会反作用于农地产权结构，促进农地产权制度向符合生产力发展的方向变革。只有符合生产力发展要求的产权制度，才能发挥出良好的制度绩效。

追求经济、社会与生态绩效协调发展的可持续利用是现阶段及未来一定时期农地利用的目标，因此本章将系统地分析可持续利用目标对农地产权安排的要求。具体的安排如下：首先，对农地利用与产权关系及农地可持续利用理论进行概述；接着，从一般理论角度分析可持续利用目标下农地产权安排的基本要求，构建出一个符合可持续利用要求的农地产权结构理论模型；然后，通过探讨国外较典型的国家是如何通过农地产权变革来促进农地可持续利用的，以期寻求理论模型的史实支持，探求值得借鉴的经验；最后，在前面分析的基础上对构建的农地产权结构模型进行评析，总结本章。

8.1　农地产权改革·农地利用

农地的基本问题有两个，即农地产权问题与农地利用问题。两者相互关联。农地产权制度体现了人类按照一定的目的选择如何利用农地的意愿，而农地利用对农地产权制度的要求则体现了自然规律与自然条件对人类利用农地的约束[16]。

农地产权制度对农地利用影响重大。农地的产权安排决定了农地资源的财产权束，不同的产权安排对农地利用行为有不同的影响。当农地为私人所有时，农地会成为他积累财富的资源，那么，农民在农地利用过程中会珍惜、爱护农地；但在社会经济发展的过程中，需要一定量的农地作为公共财产来修建公路等，此时若农地归私人所有，征地会很困难，社会成本很高；若农地全部归公所有，又会出现相反的结果，虽然征地的成本下降，但容易造成农地过度利用，还会使农户缺乏社会安全感。因此，生产力发展的每一个阶段，人们都在探寻一种社会成本低又有利于农地合理利用的产权制度。

不同时期农地利用的目标是农地产权制度变迁的诱致性因素之一，农地利用社会性、经济性及生态性的结果在客观上会对农地产权安排提出一定的要求。如农地利用的生态性要求在农地利用的过程中要控制土地利用强度，防止土地退化和水土流失等，避免土地污染。由于农地生态环境是公共产品，要求农地的所有权主体为国家或公共部门；农地利用的经济性是指农地利用主体利用农地获得经济效益的属性，作为经济活动的农地利用，其使用原则是“效用最大化”，农地的获得物具有私人性质，因此，要求相应的权能具有显著排他性；农地利用的社会性是指农地的利用是否符合社会的文化观、价值观及能否满足社会发展的需要，其利用结果具有公共产品的属性，相应权能主体也应为国家或公共部门。

西方产权理论过度地强调产权对绩效的作用，实质上，这种作用是有限度的。按照马克思“生产力决定生产关系，生产关系反过来影响生产力”的观点，产权的结构是随着生产力的发展而不断变动的，是由一定时期生产力的发展水平决定的，影响（决定）产权结构的终极因素是生产力状况。因此，从生产力水平发展状况及相应阶段农地利用的目标层次分析产权制度变革的方向是符合历史发展规律的。

当然，对于具体的产权制度而言，除了生产力状况这一根本因素外，还有其他一些因素值得考虑。包括人地关系比例、土地种类、社会政治制度、历史与文化等。可以认为，在生产力发展起主导作用的条件下，它与其他相关因素共同作用形成了不同历史时期，不同的国家、地区的土地产权制度形式。因此对农地制度的评价与改革，也应该联系其所处的具体的客观环境进行[14]。只有发展战略与资源禀赋优势的一致才是导致经济发展绩效的根本原因[13]，就农地利用而言，只有将适合的产权形式与农地自然禀赋相结合，发挥农地自然禀赋的优势，才能不断提高农地利用绩效，为当代人类及其后代谋取长远利益。可持续利用是现阶段甚至今后一段时间农地利用的目标，从农地可持续利用绩效目标出发探索农地产权改革的方向具有重要的时代意义。孙陶生在 2003 年时就提出“现阶段我国农地保护的目标是以数量保护为基础，以质量保护为重点，以生态保护为支撑，以完善农地保护机制为保障，为实施可持续发展战略奠定坚实的资源基础”[100]。

8.2　农地可持续利用理论

20 世纪五六十年代以来，工业化发展在推动社会经济快速发展的同时，也带来了严重的人口、资源与环境问题，迫使人们开始反思以往单纯地追求经济增长的发展模式。在此背景下，可持续发展的思想得到迅速的传播。按照 1987 年世界环境与发展委员会（WCED）向联合国提交的著名报告《我们的未来》（*Our Common Future*）中对可持续发展的定义，可持续发展应该是“既满足当代人的需求，又不对后代人满足其自身需求的能力构成危害的发展”。农地可持续利用是可持续发展思想在农地利用领域的体现，是可持续发展意义上的资源与环境协调发展问题。

8.2.1 农地可持续利用定义、表现及实质

土地可持续利用的概念最早是1990年在印度新德里召开的国际土地持续利用研讨会上明确提出地，我国学者普遍认为土地可持续利用是指在土地利用中尽可能地减少对人类生存所依赖的土地的破坏，维持一个不变或增加的资本储量，保证人类生存质量的长期改善，即在追求土地利用经济效益最大化的同时，维持和改善土地的生产条件和环境基础，实现可持续利用[157]。所谓农地可持续利用则是指以一种合理的方式使用农地资源，使农地的生产力得以保存，并有所增强，既能满足当代人对农地的需求，又不会对后代人对农地生产力的需求造成危害，能促进社会、经济的可持续发展，最终实现人类与自然的和谐发展[35]。

结合农地自身的特性，可持续利用主要体现在以下三方面：

（1）生态可持续性。农地利用的生态可持续性是指对农地资源的开发利用速度应该限制在其再生速率之内。因此，在农地利用的过程中，要按照农地资源自身的容量来决定它的利用强度，提高其持续利用的能力，最终实现对资源的保护。

（2）经济可持续性。农地利用的经济可持续性是指在保证农地资源质量不退化的前提下，可以持续利用农地不断地获得收益，而整个利用系统不被破坏。这就要求在农地利用的过程中，要统筹规划，将长远收益与当前收益相结合。不仅要考虑当前的收益，还要考虑未来的收益，那种基于当前收益最大化，而导致农地质量下降影响未来收益的农地利用是不具备经济可持续性的。

（3）社会可持续性。农地利用的社会可持续性是指农地利用中要兼顾局部与全球、国家，集团、个体与整个社会阶层间的公平，促进社会全面、公平的发展[158]。所以对农地可持续利用的理解与评价也应该从这三方面入手。

农地可持续利用是指通过对农地的合理利用，能保持农地的生产力在可预见时期内持续满足农业生产的需要。由于农地的生产力

具有“只要使用合理，生产力可再生并增强，而一旦破坏，就很难恢复”的特征，因此通过合理的运用，可实现农地的持续利用。实现农地的持续利用，关键是实现对农地的合理利用，农地利用的微观主体是农户，农户是农地利用方式选择的直接决策者。至此，可将农地可持续利用问题归结为如何通过一定的激励与约束诱导农户选择合理的农地利用方式。

从经济学角度分析，农地可持续利用的实质是对稀缺资源如何按照可持续发展的目标进行优化配置的问题，而资源优化配置问题实质上是依附在各种资源上的权利优化配置问题，产权可以被理解为人与资源的一组权力关系，是由于稀缺资源的使用而引起的人与人之间相互认可的行为关系，因此可以将农地可持续利用问题的实质界定为农地产权的合理配置[35]。通过对农地产权的不同界定，能圈定农户选择利用农地方式的行为集合，通过产权界定可以使农户清楚，哪些行为是可以做的，做了会有哪些好处，哪些行为是不可以做的，做了会受到什么惩罚……并以此来激励与约束农户的土地利用行为，有什么样的农地产权结构，农户就会有什么样的农地利用行为，不同的农地利用行为，必然会有不同的农地利用绩效。因此，权利的决策者可以通过对“农地产权的合理界定与切实实施”，达到“诱导农户选择合理的农地利用方式，实现农地可持续利用的目标”的目的。

8.2.2　农地可持续利用途径

随着农地利用过程中因利用不当产生的不良影响的日益严重及可持续思想的发展，实务界与理论界开始不断地探索实现农地可持续利用的途径与方式。1997 年中国土地学会召开以“土地保护与可持续利用”为主题的学术年会，正式拉开了这一序幕，各种研究成果与尝试不断地涌现。理论界研究的基本思路为“界定农地可持续利用内涵，分析农地可持续利用目标实现的影响因素，探求实现农地可持续利用的途径”。

由于对概念界定的偏差及分析问题的侧重点不同，不同的学者形成了不同的观点。梁积汉（2003）在分析我国农地利用现状的基础上，提出应该从法规建设、利用空间扩展、城镇化发展、农地用途管制、可持续评价、资源替代及民众参与的激励机制七方面实现农地可持续利用[159]。张东祥（2003）从科学的土地利用规划、市场机制的引入、产权及法律建设、加强管理，贯彻落实等方面分析了如何实现农地的可持续利用[160]。孙国锋（2008）则认为应该通过适时转换政府的职能来改变农村的经营模式，进而实现农地可持续利用[161]。赵俊义提出土地整理的过程就是对现有土地利用现状进行整理的过程，也是提高农地利用效率与产出，改善农地生态环境的过程……因此，土地整理是实现农地可持续利用的根本途径[162]。多数学者则趋于从产权的角度研究农地可持续利用目标的实现，认为农地可持续利用目标的实现，取决于农户土地利用行为的取向，因此，要实现这一目标，关键是引导农户的土地利用行为，设计正确的调解人们利用农地行为的利益动机与决策信息的农地产权制度[163]。农地资源能否实现可持续利用取决于人们对农地利用方式的选择，而人们选择什么样的农地利用方式，在农地资源禀赋与技术水平既定的情况下，主要取决于农地产权制度给予农户什么样的约束与激励[35]，这一观点基本为国内外的学者所认同[158,164,165]，并延伸出一些具体的研究[166]。

上述学者的研究成果为我们探索农地可持续利用目标实现的途径提供了一个多维度的视角。从中可以总结出实现农地可持续利用的一般路径模式：即以农地产权制度为核心，借助政府宏观调控，引入市场调节机制，围绕农地可持续利用目标内涵加强过程管理，是实现农地可持续利用的系统途径。具体可描述为：建立适合农地可持续利用内涵的多层次农地产权制度，通过产权的利益结构来诱导农户的土地利用行为符合可持续利用要求；由政府借助强制力保障产权及其相关法律法规的实施；引入市场调节机制，借助市场力量实现农地资源的有效配置；加强过程管理，保障措施实施效果，实现农地可持续利用。这一路径模式如图 8 – 1 所示。

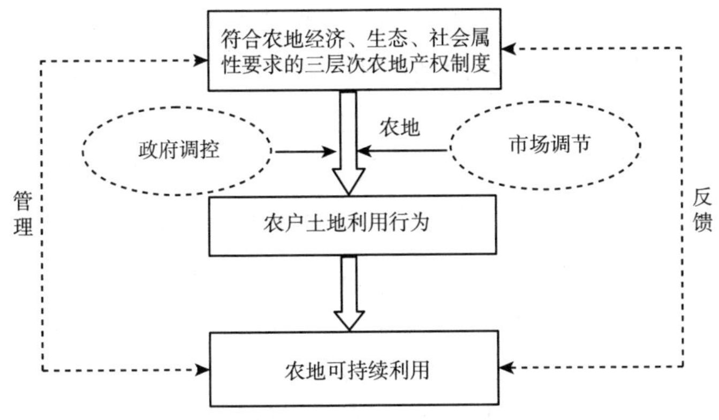

图 8－1　农地可持续利用的一般路径模式

8.2.3　农地可持续利用对人类社会发展的重要意义

作为农业生产最主要的投入要素，农地的直接替代性差，没有农地，农业生产就无法进行；农地稀缺，农业生产就会受到制约；农地贫瘠，农业生产率就很难提高。同时，作为农业生产资料的农地可以永续利用，只要使用方式合理，生态平衡，农地可以反复利用，因此，在农地利用的过程中遵循可持续利用的思想，尊重自然是人类社会、经济可持续发展的要求和基础，对农地和社会的可持续发展具有重要的意义。

自从人类有活动以来，就开始了利用农地的历史。时至今日，人类利用农地的过程，从一定意义上展示了人类解决食物生产和保护环境这对固有的矛盾斗争的发展史。农业发展基本可划分为三个阶段即原始的刀耕火种农业、传统的畜力铁器农业及现代工业式农业[35]。原始农业阶段，人们主要依靠自然生产力进行农业生产，对农地的利用总体上没有超过自然系统的调节力，即便人类的活动局部地破坏了农地生产力，通过自然系统自身的调节也能够修复，不会产生明显的农地利用问题。传统的农业阶段，随着人们对农地自然生产力认识的增强以及农地利用技术的发展，人类开始有意识地利用自然规律来利用农地，提高农地产出；现代化农业阶段，农地利用工具高度机械化，农地利用技术高度科学化，大大提高了农地利用效率，但也过分地分离了人和自然的关系，忽视了农业的生态本质，农地利用在带来巨大经济效益的同时也引发了一系列严重的生态问题，严重影响了农地生产力的再利用，为农业的长远发展埋下了隐患，严重地威胁着人类的生存与发展，迫使人们不得不寻求与自然和谐发展的道路。

农地持续利用的核心思想是恢复农地生产力的可持续利用，以经济增长为前提，保障当代人生存与发展的需要；以保护自然为基础，使农地与环境的承载力相协调，保护大自然的生命支持系统，保护生物多样性，使人类发展保持在地球的承载能力之内[34]，保证人类及其后代对农地生产力的需求，解决现代农业中由于农地非持续利用带来的一系列问题，对现代农业及人类社会的可持续发展至关重要。

8.3 农地的可持续利用对产权安排的要求

农地资源可持续利用问题，就是人们如何通过合理的农地利用方式，使农地资源的生产能力得以保存，并不断增强。这就需要按照可持续发展的目标，不断地优化农地资源的配置，而农地资源的优化配置问题，从产权的角度分析，就是如何合理地界定相应的农地产权，建立适合可持续发展要求的农地产权结构[35]。对于农地资源的产权结构并不存在最优的安排选择，只能在既定的条件下，选择一个相对较优的安排。对此应该综合地考虑农地资源与交易的特性等因素来选择适宜的产权结构，形成一个多种产权并存、互相配合的多层次农地产权结构[167]。只有适应既定生产力发展水平的农地产权制度才能为受它支配的人们提供较大的外部性内部化激励，才能进一步促进生产力的发展。

8.3.1 农地的产权结构与社会生产力的发展

“生产力的发展决定着生产关系，而生产关系会反作用于生产力，当生产关系适应生产力发展时会促进生产力的发展，反之，会阻碍生产力的发展。”这是马克思主义关于生产力与生产关系的基本观点，纵观人类农地产权制度的演化历史，不难发现这一论断应用到农地产权结构（生产关系）演变上的真伪性。

以1949年中国农地产权结构演变为例。1949年，为了满足广大农户几千年来对“耕者有其田的”要求，1949～1952年我国建立了农地归农户所有的单一的农地产权结构，极大地刺激了农户利用农地的动机，促进了生产力的极大发展。1953年之后，为了解决当时单个农户难以解决的农地投资资金短缺等生产力问题，农地产权结构被调整为农户所有、集体使用，这一产权结构确实解决了当时急需解决的农地投资、农业基础设施建设等生产力发展问题，但由于当时相应组织管理水平较低，在促进生产力发展同时也带来了一系列问题。1956年建立了农地所有权、使用权与收益权均归集体的农地产权结构，这一结构与当时生产力发展对生产关系的需求背道而驰，阻碍了生产力的发展。1978年之后，由下而上确立的所有权归集体、使用权归农户的家庭联产承包责任制，适应了当时生产力的发展，极大地促进了生产力（提高农地利用绩效）的发展；随着时间的推移，生产力水平的不断发展，家庭联产承包责任制也逐渐显露出不适应新的生产力发展水平的弊端，而我国政府也在适时完善这一产权结构，以适应生产力发展的需求。我国的农地产权结构形式正在朝着不断提高完整性，赋予农户日渐完全的产权方向演变[136]。

另外，由于我国幅员辽阔，各地农地资源禀赋差异较大，农户在利用农地的过程中，也出现了一些现有产权制度体制下不断创新出的适应生产力发展的新的产权结构形式。如“农地股份合作制”，随着生产力发展水平的提高，在一些发达地区，不少的农村劳动力开始向非农产业转移，农地也不再是他们唯一的生活来源，这部分人产生转让农地使用权的需求；同时，随着农业技术水平的提高，一部分农户对获取农地规模效益的需求增强，希望能经营一定规模的农地，农地股份合作制产权结构形式应运而生。这种产权结构形式下农地的使用权被转化为股份，以实物货币化形式入股，农地使用权归股东，处置权归股份合作企业，由企业统一以有偿的形式转让给想要获得适度规模土地使用权的农户或专业经营队伍。这种产权结构形式保留了集体对农地所有权，原农户对农地的承包权（“所有权”），股份合作制企业的法人财产权，农地生产者的农地使用权[35]，产权明晰符合现代生产力发展水平，已出现在我国多个省区市。俞海的研究也证明：依据生产力决定生产关系的观点，产权制度的变迁，归根到底是生产力发展的作用与要求，交易费用、路径依赖的形成、不同群体利益诉求都根源于生产力的发展需求[168]。

总之，农地的产权结构作为一种生产力关系，是也应该随着生产力的不断发展而不断演变，以适应生产力的发展进而促进生产力的发展。可持续发展是现阶段人类发展的共同目标，是当前及今后一定时期生产力发展的客观需求，作为生产关系的产权结构特别是农地产权结构也应适应这一发展水平。

8.3.2 农地经济属性类产权安排要求

农地的经济属性是指对农地投入一定的资本和劳动力后，可以获得满足人类生存和生产发展所需农产品的属性。农地的这一属性源于农地的经济性功能，农地上的植物通过光合作用，可以把土壤中的无机物合成有机物，为人类提供食物，为其他产业生产提供原材料。“土地是人类的母亲”这句话形象地反映出农地的这一功能。千百年来，人类都在依靠农地获得生存与发展的食物与原料，尽管现代化技术日新月异，但至今仍没有什么可以替代农地在人类生存与发展中的地位与作用。

经济学认为“私人产品”是指那种数量会随着任何人对它的消

费增加而减少的物品，这类产品在消费上具有竞争性和排他性。所谓竞争性，就是如果甲消费了某个商品，那么其他人就不能再消费该商品了；而排他性是指对商品支付价格的人才能消费商品。而公共产品则是指不具备消费竞争性的商品，任何人增加对该商品的消费都不会减少其他人可能得到的消费水平[63]。结合农地自身的特征，农地经济属性的核心是利用农地可以生产出人类生存与发展所需的商品，这些商品具有明显的排他性与竞争性。例如，某些农产品甲消费了，这种产品的数量就会减少；属于甲的农产品，乙要消费必须支付一定的“价格”，否则就要为其行为承担一定的责罚，由此可以认定此类产品的私人属性。

农地产权结构是对农地财产一切权力的界定模式，作为一种社会工具，它界定了人们在利用农地进行生产活动中的权利与利益关系。在“有限理性经济人”假设条件下，农户在利用农地时追求的是如何在现有约束条件下实现自身最大的经济价值（利润），因此预期收益的大小是其利用农地时决策的现实依据。从产权的角度分析，对应农地经济属性的农产品的私人属性要求相应的产权束具有显著的排他性、完整性、完全性和可转让性，其产权主体应该为农地直接利用者农户。这类产权主要涉及农地的使用、抵押、租赁等权利，只有具备了显著的排他性，才可以将他人排除在农地的经济类权利与收益范围之外；只有具备了显著的完整性与完全性，农户的这类权利才能得到切实的保障，农户才可能对未来的收益形成明确的预期，产权才能发挥其激励与约束的功能，刺激农户利用农地生产尽可能多的农产品，促进农地经济价值的最大实现；而可转让性则能促进农地利用效率的提高。同时，经济绩效类产权的前三项特性也有助于对农地的保护，防止农地过度利用，因为在排他、完整与完全的产权下，农地过度利用的成本是农户自己的，在成本收益比较决策模式下，农户会自觉地消化这些成本，将其纳入决策体系。

相反，一旦经济绩效类产权不具备明显的排他性，界定不清晰或尽管界定清晰却得不到切实保障，此时农户很难对自身未来收益形成明确预期，产权的激励作用难以发挥，易于出现农地利用短期行为，破坏农地生产潜力。甚至出现“农地持续退化，农户破产”这一极端现象，哈丁在1968年提出的“公地悲剧”就是对这一现象的恰当反映。所谓“公地悲剧”（the tragedy of the commons）是指当资源为多人拥有，且每个人都可以使用该资源却不能阻止他人使用该资源时，会由于个人使用资源的直接成本小于社会所需要支付的社会成本而导致资源的过度使用这一现象。哈丁是通过一个农地利用的案例来解释这一现象的：有一块公共草场，牧民均可以在上面放牧，没有人有权阻止其他人在这块牧地放牧，如果牧地的承载力已满，即再增加羊的个数会造成牧地质量下降，但增加羊的个数却可以增加农户的受益。此时，农户在决策养不养羊时，考虑的是自身的收益与成本，由于多养一只羊会增加农户收益而牧地质量下降的成本由大家共同负担，因此他会选择多养羊，如果大家都如此决策，最终的结果是“公地悲剧”出现——牧地持续退化，直至无法养羊，所有农户破产[169]。

8.3.3 农地社会属性类产权安排要求

农地社会属性是其经济属性衍生出的一种属性，所谓农地社会属性是指通过对农地的利用能获得人们生活水平的保障与社会稳定，促进社会和谐发展的属性[170]。农地这一属性产生于农地自身所具有的社会功能，通过对农地的投入与使用，人类可以获得生存所需的粮食；可以维持所需的生活水平，据统计，人类所需的80%以上的热量及75%以上的蛋白质和多数衣物纤维，均直接产自农地[171]，农地可以为人们特别是农户提供一定的社会保障；农地还能维持社会的稳定发展，“无粮则乱”，粮食是维持社会稳定的基本要素。

农地社会属性的关键是利用农地提供的粮食及其他农产品为人类社会提供生活保障与社会的稳定。生活保障与社会稳定并不是针对某一特定农户的，某人对其的消费或享有并不排斥其他人的消费或享有，也不因其他人的消费而减少对生活保障与社会稳定的消费，或者这种排斥与减少的代价是高昂的。这类“商品”具有明显的非排他性与非竞争性，可以认定为公共产品。

公共产品的属性决定了这一类“商品”不能或很难由私人或市场来提供，一方面出于自身利益考虑私人不愿意提供；另一方面具有竞争性特征的市场很难有效地提供具有非排他性与非竞争性特征的公共产品，只能由以政府为代表的公共部门来提供。由此，要求相应的农地产权体系主体为公共部门，这一类产权主要包括农地的发展权与征地权[20]，农地的发展权是指“土地所有权人或使用权人为了追求更高的经济效益而变更农地现有用途，将其转为建设用地而获得增值效益的权利”[172]；农地的征地权是指国家为了公共利益依法通过强制力征收农地的权利。这类产权关系到社会的稳定与长远发展，除了将其主体界定为政府公共部门外，应该确保产权体系的显著排他性、完整性与完全性。

可以明确，这类产权只有归属于以政府为代表的公共部门，才能保证该类“产品”的有效供给，确保农地利用社会目标的实现。只有显著的排他性、完整性与完全性，才能确保这一权利的顺利实施，达到保障人们特别是农户的生活水平、确保社会稳定的目的。当然，由于“政府失灵”① 等因素的存在，必须完善相应的管理体制，防止权力滥用等危害社会稳定现象出现，在权利界定与实施过程中，应该以确保农户的利益为核心，只有这样才能真正实现农地利用社会目标。

8.3.4　农地生态属性类产权安排要求

农地生态属性主要指通过对农地利用而产生的美化环境、改善气候、净化空气与涵养水源等保持自然良好生态系统的性质。农地

① “政府失灵”，是指个人对公共物品的需求在现代化民主政治中得不到很好的满足，公共部门在提供公共物品时趋向于浪费和滥用资源，致使公共支出规模过大或者效率降低，政府的活动或干预措施缺乏效率，或者说政府做出了降低经济效率的决策或不能实施改善经济效率的决策。

的这一属性源于农地所具有的生态功能，作为自然系统的一部分，农地本身是大气、地形、地貌、海拔、土壤、水分与生物等多种自然因素的综合体，是生物与非生物进行的物质、能量、信息、价值的交流与转换的载体。人类利用农地的过程也表现为人类与土地进行的物质、能量、信息与价值的交流与转换，通过这种转化与交流，人类可以促进或者破坏自然生态系统协调循环，而人类对生态循环的破坏或促进，则取决于他所采用的利用农地方式。因此，作为地球环境的一部分，农地是保证生态环境良性循环的基础，具有协调生态环境的功能[34]。

农地生态属性的核心是通过对农地的合理利用为人类社会的生产与发展提供良好的生态环境。与农地社会功能一样，农地生态功能所提供的生态环境同样不具有排他性与竞争性，甲对良好的生态环境的享有并不排斥乙对这一“产品”的消费。通常情况下，人们对良好生态环境的享有并不需要付费。因此，类似于农地所提供的社会稳定“产品”一样，生态环境同样具有公共产品的特征，适合由以政府为代表的公共部门提供。

生态环境的公共产品属性要求相应的产权体系主体为国家或其他公共部门，只有这一主体能有效提供良好的生态环境这一公共产品。生态性农地产权主要涉及农地所有权。依据产权理论，生态绩效类产权即农地所有权应该具有显著排他性、完整性与完全性。排他性能清晰地界定作为公共产品的生态环境保护的权利与责任，而完整性与完全性则能切实地保障权利主体权能的实施与利益的实现，一项产权越完整，产权主体行使权利的积极性越大[173]；一项产权越完全，产权主体的权利实施越有保障。曾令秋等在对中国农地产权制度研究的基础上，也提出“建立生态性产权最终应国有化”的观点[174]。

8.3.5 基于可持续利用的农地产权理论模型构建

通过前述分析，可归纳出以下结论：“农地的经济属性要求相应的农地产权体系（使用权、租赁权、抵押权等）主体为农地的直接利用者农户，对应的产权应该具有显著的排他性、完整性、完全性与可转让性；农地的社会属性要求对应的农地产权束（发展权、征地权）的主体为以政府为代表的公共部门，相应的产权应该具有显著的排他性、完整性与完全性；农地的生态属性要求该类农地产权（所有权）的主体为政府或以政府为代表的公共部门，其产权同样应该具有显著的排他性、完整性与完全性”。

可持续利用要求农地在利用过程中，不能只片面地追求经济绩效，而应该以经济绩效为主，兼顾农地利用的社会绩效与生态绩效，只有这三者协调发展，才可能实现农地的持续利用，才不会破坏农地生产力再生产，满足当代人与子孙后代对农地生产力的需求。为此，可建立如下适应当前农地可持续利用要求（生产力水平）的三层次的农地产权结构理论模型，如图 8－2 所示。

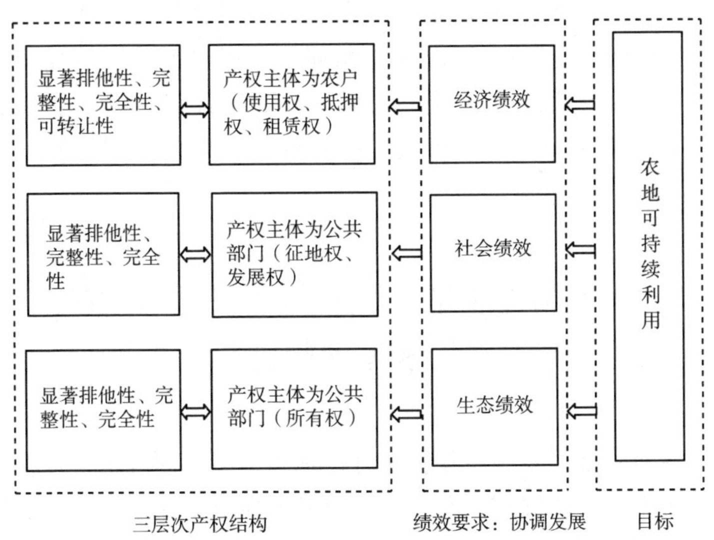

图 8－2　可持续利用目标下三层次农地产权理论模型

在前述模型中，可持续利用是农地利用的目标，要实现这一目标，要求在农地利用过程中必须协调农地经济、社会与生态三种绩效，而不能只片面地追求某一方面。经济功能是农地最基本的功能，它可以衍生出农地的社会功能，而农地生态功能不仅有助于社会的稳定、人民生活水平的提高，还是农地经济功能持续有效的保障，所以这三种绩效相互关联、互为补充。要实现农地三种绩效的协调发展，从产权的角度，结合各种绩效自身的特征存在三种不同的产权结构要求。农地经济绩效的实现要求相应产权体系的权利主体为农户，且各权利必须具有显著的排他性、完整性、完全性与可转让性，只有如此，产权才能有效地激励农户的农地利用行为，实现农地资源配置效率，提高农地利用经济绩效；农地社会绩效的提高则要求对应产权主体为政府代表的公共部门，同时也要求各产权具备明显的排他性、完整性与完全性，这样才能有效地实现农地社会绩效，提高人民特别是农户的生活水平，维护社会的长治久安；农地生态绩效的实现与社会绩效一样，公共产品的特性要求相应产权主体为政府或其他公共部门，对应各产权也应具有显著的排他性、完整性与完全性，只有满足了这些需求，才能有效地实现农地生态绩效，维护自然系统良好的生态循环，发挥农地经济与社会功能的持续作用，实现人类社会可持续发展，上述可持续利用对农地产权结构的要求就构成了促进可持续目标实现的三层次农地产权理论模型。

8.4 国外农地产权安排对三层次农地产权理论模型的验证

前述对农地产权结构与农地可持续利用关系的分析，是在现有理论基础上的逻辑推理。本节将以世界上在此方面取得较好成绩与经验的典型国家为例，证实理论的可行性，以期为理论研究提供事实支持。当然，由于各国农地自然禀赋与社会历史演变路径存在较大差异，而农地产权制度及对应的产权结构形式是各国在历史演变过程中形成的适合本国生产力发展的产物。因此我们不能将其完全类比，但可以期望从中归纳出一些共同的具有规律性的经验。

8.4.1　农地经济绩效权益典范——日本

日本位于亚洲东侧，是一个南北长约 3000 公里的弓状岛国。其国土面积约 37.8 万平方公里，约为中国国土面积的 1/26，农用地面积占国土面积的 14%，人均耕地面积仅 0.04 公顷[175]，是世界上农地资源较为稀缺的国家之一 。同时却是目前世界上农地利用最为合理的国家之一，其在保护农地直接利用者——农户利益及农地产权的完整性、完全性方面经验尤其值得借鉴。

日本是个典型的农地私有制国家，其农地产权主体分别为国家、公共部门（各级政府）及个人与法人，其中，国家和公共部门所有农地面积分别占全部国土面积的 23.7% 和 5.6%，而个人和法人所有土地面积则占国家土地总面积的 60.7%。① 在日本的农地产权制度中，对耕作者权益的保护一直是主线。

第二次世界大战以后，日本进行了两次农地改革。第一次改革始于 1945 年，当时的盟军总司令部要求日本农地改革的方案必须体现以下的要求："第一，不在乡的地主应该将土地所有权转让给耕种者；第二，允许佃农从地主处购买农地；第三，鼓励佃农与自佃农向耕作者身份转换"②。1946 年日本进行了第二次农地改革。此次改革主要内容为："增加了自耕地面积；允许佃农提出减租的要求……" 此次农地改革的用意主要是保护耕作者权益，抑制地主权利，改革的结果是自耕地面积由 1945 年的 54% 增加到 1950 年的 90%；自耕农数量由 1945 年的 172.9 万户增加到 382.2 万户[176]，可见，此次改革的成效是显著的，农户无论是在耕地面积还是数量上都得到明显的改观，当然通过改革农地利用的经济绩效也得到充分的评价和认同。

---

① 摘自华侨大学教师毛茂松课件《中外土地管理制度对比 2》，2010 年 8 月。

② 第二次世界大战后，日本依据耕种面积自有的比例将农户分为自耕农、佃自农与佃农。自耕农是指耕种面积的 90% 以上为自有的农户；佃自农是指耕种地面积的 10% ~ 50% 为自有耕地的农户，而佃农是指耕种面积的 10% 以下为自有耕地的农户。

1952 年，日本颁布了旨在保护耕作者权益的《农地法》，对农地的各项权利做了严格的管制与保护，时至今日，尽管《农地法》的内容经过了几次大的修改，但始终以保护耕作者权利与利益为核心。

除了对耕作者权益的保护外，日本农地产权结构在完整性与完全性方面的做法也值得赞赏。日本对农地产权的界定与保障是通过《农地法》《农振法》《农促法》《土地改良法》四部法律来实现的，这四部法律从上至下，从纵向横，从静到动构建了一个立体的、动态的农地利用“规则”。其中，《农地法》由国家制定，是对当前农地利用中权力转移的管制；《农振法》由地方制定，是关于农地用途的相关权利的管制，一般依据农地利用状况 3 ~ 5 年做一次调整；《农促法》是由国家制定，用以促进农地利用的法律；《土地改良法》是由农地权利人依据实际需要申请，从下而上制定的法律，是以土地改良为主要内容的法律。

通过这四部法律，日本对农地利用主体特别是微观主体的行为进行了详尽的范围规范，其各权利项不仅详尽而且界定清晰、执行有力，使日本的自耕农在利用农地时实实在在地做到了“有法可依”，体会到“执法必严”。耕作者的权利得到切实的保障，同时也有效地引导农户的行为向合理化方向靠拢，其结果是我们有目共睹的：日本成为世界上对农地有效利用与保护最成功的国家之一[177]。

日本在对自耕者权益的保护与产权完整性与完全性方面的经验告诉我们：“农地直接利用者农户的行为与农地利用绩效直接相关，对其权益的保护与尊重是农地合理利用包括可持续利用的客观需求，因此农地制度的制定者应该清楚地认识并做到这一点，才能促进农地的可持续利用；尽管保持产权的完整与完全需要一定的成本，但能找到其边际成本与边际效益的近似相等点并尽可能地保持，无疑可以促进农地利用绩效的提高”。

8.4.2 农地社会绩效权益典范——美国

美国东濒大西洋，西临太平洋，北靠加拿大，南接墨西哥，是由 50 个州和一个联邦直辖特区组成的多文化和多民族的国家；其国土面积超过 962 万平方公里，其中耕地面积 1.87 亿公顷，占全国国土总面积的 20%，人均耕地 0.63 公顷①，是目前世界上耕地面积最大的国家。与日本相同，美国也是一个以私有制为主的国家，其国土的一半为私有，其余的为联邦政府和州政府所有（州政府所占比例为 10% 左右），且多为森林、草地和沼泽等非耕地[178]。美国对农地私有者利益的保护和农地产权的完整性、完全性方面的做法同样值得称赞。无论是私有还是国有，土地的所有者均具有较明晰的土地产权边界，且各项权利均完全不受侵犯和干扰，在美国，因为私有土地被侵犯引发的土地案件少之极少。但更值得称赞的是美国在社会绩效类产权方面的设置与操作。

在美国，对国有土地而言，政府是所有者，其经营权、使用权与处置权等权力大部分由农场主掌握；而私有土地的所有权、转让权、租赁、抵押与继承等权利则归农场主，这些权利明晰、稳定，但却并非是绝对的。由始至终，美国政府都拥有对农地的四项权利：征地权、收税权（收益权）、规划权、“发展权”②，因为这四项权利关系到国家的稳定。征地权可以保证国家对公共土地的需求；而发展权则保证了国家对土地的宏观调控及对农地的需求，对农地面积的保证关系到粮食生产及社会的稳定。当然，国家在征用土地时仍然以尊重农户利益为前提，对农地的征用不仅要给予所有者以市场价值的补偿，而且要经过社区成员的同意[179]。正因为如此，美国才成为世界上产粮大国，成为世界最大的粮食出口国，也是世界唯一一个人均粮食年产量超过 1 吨的国家[180]，这些不仅促进美国农业的

① 摘自新疆生产建设兵团外国专家局网站“赴美——现代农业与信息技术融合发展技术”项目培训总结中对美国农业介绍，2010 年 7 月 6 日。

② 这里要说明的是美国农地的发展权从法律上讲属于农地所有者。一般而言，限制土地用途的手段分为两种，一种是规制性限制手段即通过土地利用规划强制性限制，另一种是通过激励性手段来实现对土地用途变更的限制。美国就是通过国家购买制度这种激励性限制手段来实现农地发展权“国有的”，通过这种手段，既保证了农地发展权归国家所有又保护了农地所有者私人利益。可见，农地产权结构在实践中具有一定灵活性，一定要结合各国实际国情，而不能生搬硬套[181]。

大发展，也为社会的稳定打下一定的基础。

从美国政府（联邦或州）在社会绩效类产权安排、实施及效果分析："社会绩效类产权主体为国家或以政府为代表的公共部门较为合适，唯有他们才能有效地提供社会稳定等公共产品。当然，政府对这些权益的实施应以尊重农户利益为前提"。事实上，除美国外，西欧各国均强调国家或政府对土地享有最终的所有权——延伸为发展权与征地权，如在法国由政府控制的公司有权从市场自由的购买农地，而政府借此控制农地市场。

8.4.3 农地生态绩效典范——新加坡

新加坡是东南亚的一个岛国，其国土面积为714.3平方公里，土地产权以国有和公有为主，政府拥有约87%的土地，其中的29%由法定机构购买所有，58%为国家所有；私人所有土地不到20%[182]。新加坡是一个城市国家，其农业在三大产业中的比例不足1%，90%的食品靠进口，发展的是都市农业[183]。该国不仅是全球最为富裕的国家之一，而且在城市保洁、农业生态环境建设方面成绩卓越，有"花园城市"的美名，其政府因廉洁高效拥有稳定的政局而为世人所称赞。

新加坡良好的生态环境与其政府担任"农地利用"生态绩效类产权（所有权）主体，且政府对权利实施充分有效的管理措施密不可分。首先，新加坡政府将生态环境的保护融入土地规划中，如其将生态环境作为衡量人民生活质量的一个重要指标，坚持将绿化城市、保护生态环境作为土地利用规划的重要内容；其次，新加坡政府通过教育将环境保护的理念深入每个市民心中，优化社会软环境，在新加坡爱护修理花木、遵守交通规则都是学校的必修课；舆论倾力于宣传绿化运动、环境意识等良好的社会观念；最后，新加坡政府通过严格有效的管理来提高生态绩效。在新加坡，政府制定了严格的保护环境法律条令与惩罚措施，如在公共汽车上吸烟的人，会被罚款500新元；就连在马路上乱丢垃圾，也会被罚款1000~2000新元[184]。

通过新加坡政府与市民的共同努力，新加坡成为一座城市花园。这主要得益于新加坡政府的有效管理，而新加坡政府之所以能有效地实现管理，还在于其土地所有者的身份，唯有此才能有权利去实现对生态环境的保护，才能有效地提供这一公共产品。

上述三国在地理位置、资源禀赋、发展历史及民族文化方面存在着较大的差异，其各自的农地产权结构安排是适应自身生产力发展的结果，尽管具体的做法不尽相同，但它们在农地产权安排的某一方面符合了本书分析的结论，因此可借此检验上述理论模型的可行性。

8.5　本章小结：基于可持续利用目标的农地产权结构构建

本节主要分析了当前及未来一段时期农地利用目标——可持续利用这一生产力发展水平对生产关系中农地产权结构安排的客观需求，只有清楚地认识到这一客观需求，才能满足这种需求，进而才能促进农地可持续利用目标的实现。农地可持续利用的核心是其经济绩效、社会绩效与生态绩效的协调发展，要实现协调发展，就农地利用经济绩效而言要求其对应产权体系的权利主体为农地的直接利用者，各权利应具有排他性、完整性、完全性与可转让性；农地利用社会绩效则需要对应产权体系主体为以政府为代表的国家或其他公共部门，各权利具有排他性、完整性与完全性；农地利用的生态绩效与社会绩效类似，其主体应该为政府或其他公共部门，对应各权利应该具有排他性、完整性与完全性。只有满足了上述客观需求的产权结构才能促进农地可持续利用目标的实现，因此，在理论分析的基础上，本章构建了一个农地可持续利用目标下的三层次产权结构理论模型，并且以日本、美国、新加坡三个在农地利用经济绩效、社会绩效、生态绩效方面取得较好成绩的国家的发展事实为例验证了该理论模型的可行性。

第9章 结　语

本书基于“产权—行为—绩效”理论分析框架，研究了农地产权结构对农地利用绩效的影响。本书首先阐述了研究的背景、国内外的研究现状及基本的研究思路与框架等；然后梳理了1949年以来我国农地产权制度变迁与对应各阶段农地利用绩效状况，以期为后面分析提供事实的支撑，并分别从农地所有权、使用权及产权内部结构三方面详细地分析了产权是如何通过农户行为影响农地利用绩效的；之后以陕西省为例，对上述理论分析的假设结论进行实证检验；最后结合可持续利用目标构建了一个三层次的农地产权结构理论模型，并在此基础上分析了我国现阶段农地产权结构与该理论模型的差距，提出基于农地可持续利用的中国农地产权结构改革的政策建议。

9.1 研究的主要观点与结论

通过系统的规范与实证分析，研究基本回答了期望解决的前三个问题：如何评价农地利用的结果？农地产权安排是如何影响农地利用绩效的？现阶段农地利用目标绩效的需求是什么？对最后一个问题：“可持续利用的目标下如何完善我国现有的农地产权制度?”的回答将在本章完成。研究得出了以下主要观点与结论。

研究认为对农地利用结果的评价，应该以更能客观全面地反映农地利用行为效果的农地利用绩效作为依据。相比较农地利用的效率与效益指标，农地利用绩效概念更加宽泛，能恰当地包容不同时期农地利用目标的内容，符合农地资源本身具有多种功能特性的要求。

现阶段农地利用的目标是可持续利用。农地可持续利用的核心是其经济绩效、社会绩效与生态绩效的协调发展，要实现协调发展，对应的经济绩效类产权体系的权利主体应该为农地的直接利用者，各权利应具有排他性、完整性、完全性与可转让性；社会绩效和生态绩效类产权体系主体应为以政府为代表的国家或其他公共部门，各权利具有排他性、完整性与完全性，只有满足了上述客观需求的产权结构才能促进农地可持续利用目标的实现。

主要的结论有以下四点：

（1）不同性质的农地所有权安排会对农地利用微观主体农户土地利用行为的动机与目标产生不同影响，进而影响农户土地利用行为的选择，不同的选择会导致农地不同的利用绩效。其中农地所有权归私人所有时，通过产权对农户的激励作用，能提高农地利用的经济绩效；当农地所有权归国家时，可以间接地通过农户的行为提高农地利用的社会与生态绩效；集体产权是介于两者之间的产权组织形式，适合现阶段中国实际。

（2）农地的使用权权能界定越清晰、稳定性越高，越有利于农户对未来预期收益的确定，从而越能通过利益诱导农户合理利用农地，提高农地利用绩效综合值。

（3）农地产权内部结构完整性、完全性越强，为农户合理利用农地行为提供的正向激励效应越大，农地利用绩效越高。

（4）1949～2009年陕西省农地利用绩效的变化与农地产权结构演变路径的对应关系基本与理论分析相吻合。在农民所有制阶段，农地利用的经济绩效达到最高值，社会绩效处于中等水平，生态绩效不容乐观①；在农地集体所有、集体经营阶段，农地利用经济绩效下滑，这一时期的经济绩效处于60年间绩效趋势线的凹部，社会绩

① 出现这种结果主要是由于当时人们利用农地的主要目的是经济绩效与社会绩效。

效水平也较低，生态绩效恶化；而在农地集体所有、农户经营阶段，农地利用经济绩效、社会绩效开始好转，并随着农地产权完整性、完全性的不断完善而持续提高，这一时期，农户基于对经济绩效的追求，较少考虑农地生态效应，而对农地利用生态绩效的提高主要依靠国家来进行。

9.2 政策启示

9.2.1 现阶段我国产权安排与农地可持续利用产权需求的差距

生产力与生产关系的辩证关系告诉我们：如果现行的农地产权结构在理性选择的条件下可以提高农地利用的绩效，能使其经济、生态与社会绩效协调发展，那么，就应该保持并依据实际的发展状况不断地完善之；如若不能带来农地利用三方面绩效的协调发展，就应该改革农地产权制度。

（1）经济绩效类产权差距。

依据前面分析，农地利用经济绩效类产权核心为农地使用权，可持续利用要求此类产权主体为农地直接利用者农户；各权利项具有显著的排他性、完整性、完全性与可转让性。

2003年实行的《中华人民共和国农村土地承包法》（以下简称《承包法》）规定：现阶段我国农地使用权主体为集体组织内部的农户，以家庭承包经营的方式体现，自由进行农业生产经营决策；组织外的成员要想获得农地使用权，需要经本集体经济组织成员的村民会议2/3以上成员或者2/3以上村民代表的同意，并报乡（镇）人民政府批准。可见，现阶段我国农地使用权主体的身份是有一定限制的，是以组织成员权优先为前提的，这在一定程度上会阻碍农地的流转，降低农地资源配置的效率，应该逐步地取消这一限制。

《承包法》规定，在农地使用权年限上应该赋予农民长期而稳定的土地使用权，其中耕地的承包（使用）期为30年，草地、林地的承包期均为30～50年。而在2008年党的十七届三中全会报告中提出"现有农村土地承包关系应保持稳定不变"，2010年党的十七届六中全会报告中将这一说法延伸为"现有农村土地承包关系应保持稳定并长久不变"。从这一系列权威法律或报告的提法中，可以看出，当前我国农户的农地使用权在朝着稳定完整的方向完善。但是我们在实际调研的过程中发现，由于对农地使用权永久不变的提法未正式纳入法律条文，加上历史的原因，不少地方的农地使用权仍为30年或20年不等。说明我国农户所享有的农地使用权在完整性、完全性方面还有待改善。

值得一提的是："现阶段我国土地违法现象依然屡禁不止，频频发生，其主要原因之一就是现行相关法律的不完善以及对土地违法现象处罚力度不够"[186]，这从另一个方面说明了我国土地立法亟待完善，产权的完全性有待加强。

《承包法》第三十二条规定，通过家庭承包取得的土地承包经营权（使用权）可以依法采取转包、出租、互换、转让或者以其他方式流转。我国的农户只享有农地的使用权而没有所有权，农地不允许买卖。因此，对农地使用权的流转是依靠农地承包经营权流转的形式来实现的，但这并不影响农地使用权的可转让性。不过从现阶段农地流转的现状看，大部分省区市的农地流转市场还处于雏形期，这就需要政府提高农地相关权利的明晰度，完善现有法律，改善现有管理制度，以促进农地的流转，提高资源配置效率[187]。

（2）社会绩效类产权差距。

农地利用社会绩效类产权包括征地权与发展权，按照可持续利用的要求，该类产权的主体应该为以政府为代表的国家或其他公共部门；各项权利应该具有显著的排他性、完整性与完全性。

《中华人民共和国土地管理法》和《中华人民共和国土地管理条例》中规定，我国征地权的主体为国家，由县（市）人民政府，设区的市、自治州和省级人民政府作为土地征收的实施主体，但人民政府一般不直接实施，而是由地方人民政府的土地行政主管部门直接实施。在实际操作中，征地权主体呈现多元化、执行标准不统一的特征。也就是说，尽管我国征地权的主体为国家，但其执行主体却过于分散，这在一定程度上影响了征地权的排他性，也易于造成权力分散、责任不清的后果，同时也是现阶段我国土地违法主体多为地方政府的原因之一。因此，应该进一步简化征地权主体身份。我国目前没有农地发展权制度，理论上也处于探讨期。在实际操作过程中，农地用途限制主要是由国家通过土地利用规划强制限制，这说明我国社会绩效类产权完整性欠佳，应尽快建立相应产权制度。

从我国征地权的属性看，具有一定的排他性，主体范围为国家公共部门；但其完全性却欠佳，主要表现在法律规定、征地程序、征地补偿机制及农户参与程度四方面。从可持续利用对产权要求看，征地权应该具有高度的完全性，界定清晰，执行有力。从《中华人民共和国土地管理法》及《中华人民共和国土地管理条例》两部法律的规定及实际实施过程看，存在以下问题：公共利益界定不明确；征地程序实施不彻底；征地补偿机制不健全；农户参与程度较低，难以体现对农户权益的尊重[188]。政府所拥有的征地权关系到社会的稳定，人民生活水平的变化。因此，我国政府应该就征地中存在的问题不断地完善相关规定，并逐步建立起专有的《土地征收制度》，提高征地权的完全性。

（3）生态绩效类产权差距。

与农地利用生态绩效相联系的产权主要是农地的所有权，依据可持续利用的要求，该类产权的主体与社会绩效类相同仍为以政府为代表的国家或其他公共部门；各项权利要求具有明显的排他性、完整性与完全性。

《中华人民共和国土地管理法》规定“农村的土地，除由法律规定属于国家所有的以外，属于农民集体所有”，我国实行农地集体所有，即农地所有权的主体为村集体，具体表现为村集体经济组织或者村民委员会。我国现行的农地产权制度是特定的历史条件下政府、农民等多方博弈的结果，是“未完成的土地制度改革”，其确立的过程带有明显的路径依赖痕迹，不可避免地会出现一些问题，而现有的批评主要集中在对集体所有制主体模糊及对农民土地利益的侵害方面[189]。我国现行集体所有制的前身是三级所有的集体所有制，其主体可以是村农民集体所有，可以是乡（镇）农民集体，还可以是两个以上村农民集体。在实际操作中，这种多位的主体使农地所有权的主体形同虚设、身份紊乱，最直接的后果就是一些农业公共产品的供给短缺，“搭便车”现象时有发生，特别是农业生态产品供给更是无从谈起，与农地可持续利用对农地所有权主体应该为“国家或政府公共部门”的要求有一定差距。

现阶段，我国生态绩效的相关权力界定为国家环保部门，环保部门有权利依据生态利益的需要干涉农户的土地利用行为，如《中华人民共和国渔业法》规定“各级人民政府应当采取措施，保护和改善渔业水域的生态环境，防治污染。造成渔业水域生态环境破坏或者渔业污染事故的，依照《中华人民共和国海洋环境保护法》和《中华人民共和国水污染防治法》的规定追究法律责任”。但从实际实施过程看，由于各级政府部门自身的收益与社会收益（良好的生态环境）没有直接的正相关关系，政策实施的效果往往很难与政策制定时预期的效果相一致，甚至出现背道而驰的现象。如按照《中华人民共和国渔业法》规定，内水和近海渔业捕捞许可证由县级以上各级政府渔业主管部门发放，制定政策的初衷是为了防止过度的捕捞，造成生态系统的破坏。但具体的实施过程中，许可证发放得越多，发证部门从中获得的收益越多。因此，最终的结果一方面是国家投入大量资金防止过度捕捞，另一方面是渔民过度的捕捞、生态的破坏，导致生态绩效下降，社会成本增加[17]。可见，我国在农地生态绩效产权的完全性方面也存在一定的问题，需要加以改进，明晰产权，建立对各主体激励机制，引导他们基于自身利益考虑自觉地保护生态环境。

9.2.2 现阶段完善我国农地产权结构的措施

清楚认识现阶段我国农地产权结构与可持续利用对农地产权安

排要求的“差距”只是我们实现农地可持续利用的第一步，关键还在于对现有农地产权结构的完善，有“行为”才会有成效。以下是在上述差距分析的基础上提出的我国农地产权改革的几点建议与意见。

（1）逐步取消对农户农地利用主体身份限制；完善现有法律，提高产权清晰度，加大执法力度，增强此类产权完整性与完全性，促进农业经济的大力发展。

当前我国农地利用经济类产权与农地可持续利用对产权属性要求的差距主要表现在：农地利用主体农户身份限制，相关法律残缺，导致此类产权完全性不够；管理体制不完善；农地流转频率整体较低这三方面。为此，相应的完善措施也应从这三方面入手。

首先，应该逐步放开对农地利用主体身份的限制，集体成员权在一定程度上会将集体经济组织外的种田能手限制在外，增加了农地流转的社会成本[190]。取消这种限制将有利于农地流转频率的提高。但这里要注意，对农地利用主体身份的重新界定，实际上是一次利益的重新分配，一定要做好过渡工作，防止社会矛盾的激化，应逐步取消，至于如何取消，又是一个延伸的研究课题，在此不做深究。其次，应该不断完善相关的法律，各相关法律之间应该协调统一，对产权界定清晰，以免因为理解偏差产生不同的执法效果。同时应该加强执法力度，增加土地违法成本，从根本上遏制违法行为发生，提高此类产权完全性。最后，在完善相关法律的基础上进一步改革相应的管理体系，减少农地流转障碍因素，促进此类产权的可转让性。

（2）简化征地权主体身份，确立发展权；尊重农户权利与利益，保障粮食安全，维护社会稳定。

目前我国农地利用社会类产权与农地可持续利用对产权属性要求的差距主要表现在：征地权产权主体身份多元化，未确立发展权，产权完整性欠佳；征地权完全性不够；农户参与程度低这三个方面，对此应主要从这几方面去完善社会绩效类产权。

首先，我们有必要明确征地权主体的身份，减少其分散化。由代表国家利益的某一公共部门如国土部门来承担征地权主体，做到职、责、权一致。农地的发展权是关于农地用途变更的权利，由于对农地用途的随意变更会危害国家的粮食安全，导致生态恶化。因此，我国有必要明确地确立农地发展权，完善相关的法律，增强此类产权的完整性。其次，应该制定相应的土地征收专门法律，清晰界定相关权利，加大对违法行为执法力度，增强此类产权的完全性。最后，也是最重要的，在农地产权结构体系中，特别是社会绩效类产权中，要充分尊重农户的权益，保护他们的权利与利益，一个重要的渠道就是提高农户参与决策的程度，这也是保证决策公平与有效的重要方面，因为农户是农地的直接利用者。

（3）完善集体所有制的组织形式及管理体系，提高农地利用生态绩效，建设生态化国家环境。

我国当前农地利用生态绩效类产权安排与可持续利用对产权要求的差距主要表现在农地所有权主体身份为集体及此类产权完全性不足、管理不完善方面。

尽管农地生态绩效公共产品的属性要求此类产权主体为国家或公共部门，但从前面美国农地发展权“国家购买制度”的分析可以发现，在实际操作过程中，只要符合产权属性的要求，其形式可以是灵活的。我国的农地集体所有制是国家在特殊的国情下寻求适应生产力发展的产权制度，有着较强的路径演变痕迹。就当前形势而言，较之国有制，集体所有制尽管不完善但仍然是适应当前生产力发展的最好形式[67]。不过从提高农地利用生态绩效，实现农地持续利用目标的角度分析，还是应该逐步建立明晰的、多层次的农地产权结构，这就要求我国适时地将农地所有权主体过渡为国家，当前可以从完善集体组织的管理体系入手，逐渐弱化其行政权力，强化经济权力[174]，这将有利于农地利用生态绩效这一公共产品的有效供应。早在 1999 年时，王跃生就提出“特有的小农式农作方式很难有效解决农业生态环境“外部性”问题，早在 20 世纪 80 年代中国农业的生态环境问题就恶化了，解决这一问题的可行方法就是改进农地产权制度，引导农民自觉地参与农业生态环境治理”[191]。2002 年

1月在海口召开的 中国农民土地使用权法律保障国际研讨会上云南省原农工部部长、云南省人大农工委主任董恒秋、安徽农业大学经济与管理学院教授阮文彪等也提出同样的观点①。

从提升当前我国农地生态类产权的完全性角度出发，首先应该完善相应的法律、法规，清楚地界定权利的边界，这不仅有利于各相关主体明确责权利，而且有利于增强执法标准的统一性，提升此类产权完全性。另外，当前形势下重点应该关注的是如何通过对责任与利益的协调一致，引导各利益相关主体自身的利益与社会利益一致，从根本上遏制由于操作漏洞而引发的生态恶化现象发生，建立农地可持续利用的激励机制，实现各方多赢[164]。

上述分析只是为了突出重点，分别从农地利用经济绩效类产权、社会绩效类产权及生态绩效类产权三方面进行重点的分析。在现实社会中，农地产权结构是一个完整的系统，各子系统相互交错，相互影响，不可分割。事实上，任何社会中都不可能存在完全明晰的产权关系，即便清楚地确定了产权关系，实际的权利关系也会和法律上的权利关系之间产生一定的差异[192]，但我们完全可以期望在一定的限度内通过调整产权的结构来优化产权的功能，将农地利用绩效提高到能满足可持续利用需求的程度。

9.3 研究的不足与展望

要想观察某一经济现象，并从中发现规律，假设条件的引入必不可少。引入假设条件的目的是简化研究问题的复杂性，抓住问题的本质，以利于客观规律的发现。尽管这些假设条件都是基于事实

① 董恒秋认为“农民利用农地的动力是他自身能够获得的经济利益，对‘三农’问题而言最重要的是土地使用权权属问题，只有集所有者、经营者与劳动者身份为一，农民才能成为土地利用的真正主体。因此，应该实行土地国有并赋予农民‘所有制性质的长期使用权’，才能调动农民的积极性”；阮文彪认为“我国农地制度创新的目标应该为：农地所有权归国家，由农民永久租种；允许农地使用权转移……”

对一般现象的描述，像“有限理性经济人”假设，但不能排除一些例外现象的存在。因此，任何研究都不是完美的、绝对的，只是对一般现象中某一重点问题本质的研究，总是存在一定的瑕疵与遗憾。

研究涉及两大块内容：农地产权制度与农地利用绩效，它们各自的研究均涉及方方面面，错综复杂，牵一发而动全身，将这两者结合起来研究，更需要剔除掉一些对研究目标影响较小的因素，因此研究中不可避免地存在一些不足。

（1）就农地产权结构而言，研究主要是基于经济学角度的分析，而很少考虑政治等其他因素的影响。

（2）基于本书研究的重点，将农户界定为一般意义的农户，并没有深究农户个体之间的差异。而事实上由于各地经济发展水平不一样，农民文化程度不一样，这种差异必然客观存在，如果考虑这一因素，难免会对本书结论产生一定的影响。而对这一因素的分析，将会增加对本书研究的深度，因此这也将是论文后继研究的一个方向。

（3）按照本书最初的设想，在实证部分我们希望在理论分析的基础上构建一个引入虚拟变量的计量回归模型。将农地利用绩效作为被解释变量，农业技术、农地产权制度等作为解释变量，但研究的过程中发现，就模型本身而言，由于内生变量和外生变量不区分放在一起分析会降低计量分析有效性，产生偏差；若用单变量分析即只分析农地产权制度与农地利用绩效的关系，又容易产生偏差，误差项包含内容过多，影响分析效果；而且，就算建立了相应的模型，也会由于研究的时间段为 1949～2009 年，其中早期的部分数据特别是生态绩效的相关数据无法获得，无法量化地分析农地产权对农地利用的影响程度。在利用层次分析法进行量化分析，描述出农地利用经济绩效与社会绩效的变化后，会发现农地利用绩效的变化总体上与农地产权结构变化时间段相吻合，且产权结构变革与绩效变化的关系与理论分析基本一致，即在很大程度上能够验证理论分析中农地产权对农地利用绩效究竟产生正或负作用的结论。因此，本书的实证部分采用了层次分析法与描述统计方法验证逻辑推理得到的假设结论，而放弃了计量回归模型的建立。这样虽然在很大程度上验证理论分析的合理性，但却无法定量的分析出一定时期某种产权对农地利用绩效的影响程度，不能不说是一种遗憾。当然，“在保证相关数据可获得性的基础上，建立恰当的计量模型，量化地分析一定时期农地产权对农地利用绩效影响程度”无疑将是本书未来研究的重要方向之一①。

（4）研究中关于陕西省农地利用绩效指标设置是在调研的基础上结合陕西省土地利用的特征设置的，尽管在思路上能为其他省份或全国统一的绩效指标的设置提供一定的借鉴作用，但不完全适合其他省份，有一定局限性。而且，该指标只是一种理论上的研究，还有待于实践的检验与修正。同时，由于本书引入农地利用绩效这一指标的目的是定量地研究农地产权结构对农地利用效果的影响，而且研究时间段为1949～2009年，考虑到数据的可获得性无法对农地生态绩效进行量化计算，只是用相关指标数据作对比来说明问题，这不能不说是一个遗憾或不足。但研究近期陕西省农地利用绩效的评价则不涉及这一问题，可以量化，这也将成为本书后继的一个研究方向。

除以上方面外，书中政策建议部分的操作细节也是后继研究的方向，例如，“如何合理地取消农地使用权主体身份的限制；如何逐步将农地所有权主体变更为国家”等。总之，由于制度经济学与农地利用问题本身就是两个内容丰富、涵盖面广的学科问题。特别是农地利用问题，不仅涉及经济学知识，还包括生态学、社会学、土壤学等相关学科的知识，鉴于研究者知识结构、研究时间及本书研究重点所限，研究中不可避免会出现这样那样的问题，有待于进一步完善，但对研究目的实现的影响仍在可控范围内。

---

① 如果将研究时间段推后到1978年以后，数据获得性方面基本不存在问题。

附录一　关于“农用地产权安排对农地利用影响”调查问卷

（调查对象：农户）

您好，本问卷是某高校承担的一项社会科学课题研究的部分内容，请您就以下问题依据自己的真实意愿选择填写，在您确定的选择前打“√”。我们将确保您的个人信息不外露，非常感谢您的配合！

1. 您所在村组名称：________省________市__________县________乡________村__________组

2. 您耕种的土地是谁的？

□A. 国家　□B. 集体

□C. 生产小队　□D. 农户自己　□E. 不知道

3. 您认为农用地应该归谁所有？

□A. 国家　□B. 集体

□C. 生产小队　□D. 农户自己　□E. 不知道

4. 您认为农用地归谁所有有利于生态环境保护？

□A. 国家　□B. 集体

□C. 生产小队　□D. 农户自己

5. 您耕种的土地使用权是谁的？

□A. 国家　□B. 集体

□C. 生产小队　□D. 农户自己　□ E. 不知道

6. 您认为您耕种的土地使用权应该归谁？

□A. 国家　　□B. 集体

□C. 生产小队　　□D. 农户自己　　□E. 不知道

7. 您所耕种的农用地使用年限是多长?

□A. 15 年　　□B. 30 年

□C. 60 年　　□D. 永久不变　　□E. 不知道

8. 您所耕种的农用地是否有承认经营权的相关证书或合同?

□A. 有　　□B. 没有

□C. 有，但证书或合同很简单、不正规

9. 您所耕种的农用地调整过几次?

□A. 1 次　　□B. 2 次

□C. 3 次以上　　□D. 没有调整过

10. 您是否支持农用地的调整?

□A. 支持　　□B. 反对

□C. 无所谓

11. 您所在村组农用地经营模式主要是?

□A. 分散经营　　□B. 规模经营

□C. 其他（具体是____________）

□D. 没有调整过

12. 您利用农地的目的是?（可多选）

□A. 生产粮食，满足家庭生活需要

□B. 尽可能获取最大收益

□C. 为国家做贡献

□D. 其他（具体是________________）

13. 利用农地时，您会考虑?

□A. 经济收益

□B. 保护环境

□C. 保护农地

□D. 既考虑经济利益还考虑保护农地

□E. 既考虑经济利益还考虑保护环境

□F. 综合考虑经济利益、环境保护与农地保护

14. 利用农地时，您首先会考虑？

□A. 经济收益　　□B. 保护环境

□C. 保护农地　　□D. 粮食生产

15. 您是否将自己的农用地承包给他人或承包他人土地？

□A. 承包别人的地

□B. 既没有承包别人的也没有将自己的承包给别人

□C. 把自己的地承包给别人

16. 您是否赞成农用地的流转？

□A. 赞成　　□B. 不赞成

□C. 无所谓

17. 您对农地投资的依据是？

□A. 能有多少收入　　□B. 保护农地

□C. 自己有多少资本　　□D. 随别人

18. 您经营农地的决策依据是？

□A. 能有多少收入　　□B. 保护农地

□C. 其他　　□D. 随别人

19. 您是否有土地使用权证书？

□A. 有　　□B. 没有

20. 您是否愿意接受土地使用权长期归农户所有的制度安排？

□A. 愿意　　□B. 不愿意

□C. 无所谓

□D. 理由是________________________________

21. 您目前保护农用地的措施有：

感谢您的配合！

附录二　关于“农地利用绩效影响因素权重”调查表

（调查对象：相关专业人员）

您好，非常感谢您参与本次调查活动。本次调查是某高校承担的陕西省社会科学基金项目研究的部分内容，请您按照说明选择填写，我们将保证不泄露任何您的个人信息。

请依据您在实际工作中的经验判断：以下表格中对应的要素对农地利用绩效的重要程度。

具体做法：

①如果您认为某一因素与另一因素同等重要，请在这两个因素所对应的行与列共同空格处填数字1；例如您认为表一中 B_1 与 B_2 同等重要，请在第一行第二列空格处填上数字1；

②若您认为某一因素比另一因素略重要，请在对应位置处填上数字3；例如：您认为表一中 B_2 比 B_3 略重要，请在第二行第三列空格处填上数字3；

③若您认为某一因素比另一因素较重要，请在对应位置处填上数字5；

④若您认为某一因素比另一因素非常重要，请在对应位置处填上数字7；

⑤若您认为某一因素比另一因素绝对重要，请在对应位置处填上数字9；

⑥2、4、6、8，为以上两两判断之间的中间状态对应的标度值；例如：您认为表一中 B_1 比 B_2 较重要得多但又够不上非常重要，请在

第一行第二列空格处填上数字 6。

表一　　判断下表中各因素在农地利用绩效中重要程度

	经济绩效（B_1）	生态绩效（B_2）	社会绩效（B_3）
经济绩效（B_1）			
生态绩效（B_2）			
社会绩效（B_3）			

表二　　判断下表中各因素在“经济绩效”中重要程度

	农业产值占总产值比重 C_1	粮食单产 C_2	单位耕地面积产值 C_3	农业生产总值增长率 C_4	单位机械力农业产值 C_5	农业化肥效率 C_6	农业投资收益 C_7
农业 GDP 增加值占总产值比重 C_1							
粮食单产 C_2							
单位耕地面积产值 C_3							
农业生产总值增长率 C_4							
单位机械力农业产值 C_5							
农业化肥效率 C_6							
农业投资收益 C_7							

表三　　判断下表中各因素在“社会绩效”中重要程度

	恩格尔系数 C_{10}	人均粮食占有量 C_{11}	人均耕地占有量 C_{12}
恩格尔系数 C_{10}			
人均粮食占有量 C_{11}			
人均耕地占有量 C_{12}			

附录三　农地利用绩效影响因素权重调查结果汇总

表一　　判断下表中各因素在农地利用绩效中重要程度

	经济绩效（B_1）	生态绩效（B_2）	社会绩效（B_3）
经济绩效（B_1）	1	3	2
生态绩效（B_2）	1/3	1	1/3
社会绩效（B_3）	1/2	3	1

表二　　判断下表中各因素在“经济绩效”中重要程度

	农业产值占总产值比重 C_1	粮食单产 C_2	单位耕地面积产值 C_3	农业生产总值增长率 C_4	单位机械力农业产值 C_5	农业化肥效率 C_6	农业投资收益 C_7
农业 GDP 增加值占总产值比重 C_1	1	1/3	1/3	1/3	1/6	1/6	1/4
粮食单产 C_2	3	1	1	1	1/4	1/4	1/3
单位耕地面积产值 C_3	3	1	1	1	1/4	1/4	1/3
农业生产总值增长率 C_4	3	1	1	1	1/4	1/4	1/3
单位机械力农业产值 C_5	6	4	4	4	1	1	3
农业化肥效率 C_6	6	4	4	4	1	1	3
农业投资收益 C_7	4	3	3	3	1/3	1/3	1

表三　　　　判断下表中各因素在“社会绩效”中重要程度

	恩格尔系数 C_{10}	人均粮食占有量 C_{11}	人均耕地占有量 C_{12}
恩格尔系数 C_{10}	1	1/2	4
人均粮食占有量 C_{11}	2	1	5
人均耕地占有量 C_{12}	1/4	1/5	1

*******结果如下 *******

准则层权重：(0. 5247，0. 1416，0. 3338)；CI =0. 0269，CR =0. 0463

1：(0. 0344，0. 0741，0. 0741，0. 0741，0. 2924，0. 2924，0. 1583)；CI =0. 034，CR =0. 0257

2：(0. 3333，0. 3333，0. 3333)；CI =0，CR =0

3：(0. 3339，0. 5679，0. 0982)；CI =0. 0123，CR =0. 0213

总排序权重：(0. 0181，0. 0389，0. 0389，0. 0389，0. 1534，0. 1534，0. 0831，0. 0472，0. 0472，0. 0472，0. 1115，0. 1895，0. 0328)；

CR =0. 069

附录四　2002～2009年陕西省农用地主要类型面积变化

2002～2009年陕西省农用地主要类型面积变化 单位：千公顷

类型	2002年	2003年	2004年	2005年	2006年	2007年	2008年	2009年
农用地	18491.04	18474.87	18476.13	18481.67	18482.06	18476.34	18477.64	19356.31
耕地	4505.95	4241.84	4154.07	4088.87	4058.24	4049.04	4050.35	3997.57
园地	622.54	651.48	681.27	686.87	703.72	704.89	706.10	850.11
林地	9482.90	10118.76	10203.13	10285.33	10346.51	10353.68	10354.11	11231.72
牧草地	3214.69	3159.94	3134.13	3117.33	3070.50	3065.89	3064.39	2888.33
其他农用地	304.96	303.29	303.47	303.27	303.09	302.83	302.69	388.59

参考文献

[1] 谭淑豪，谭仲春，黄贤金．农户行为与土壤退化的制度经济学分析［J］．土 壤（Soils），2004，36（2）：141－144.

[2] 黄少安．产权经济学导论［M］．北京：经济科学出版社，2004：287－294.

[3] 曲福田，陈海秋．土地产权安排与土地可持续利用［J］．中国软科学，2000，19（9）：11－16.

[4]［英］约翰·穆勒．政治经济学原理［M］．北京：商务印书馆，1997：173，175－176.

[5]［英］阿弗里德·马歇尔．经济学原理［M］．北京：华夏出版社，2005：128.

[6]［美］罗伯特·吉本斯著．博弈论基础［M］．高峰译．北京：中国社会科学出版社，1999：22－23.

[7]［冰岛］思拉恩·埃格特森．经济行为与制度［M］．北京：商务印书馆，2004.

[8] Ruben N. Lubowski, Andrew J. Plantinga, Robert, N. Stavins. What drives land-use change in the united states? A national analysis of landowner decisions. Nber working paper series. National bureau of economic research 1050 [C]. Massachusetts Avenue Cambridge, MA 02138 November 2007.

[9] 杨小凯．当代经济学与中国经济［M］．北京：中国社会科学出版社，1997.

[10] Li Guo, Rozelle Scott, Brandt Loren. Tenure, land rights, and

farmer investment incentives in China [J]. *Agricultural Economics*, 1998 (19): 63 -71.

[11] KruseKopf, C, C. Diversity in land tenure arrangements under the household, responsibility, system in China [J]. Working paper, Austin College, 1999.

[12] Hanan G. Jacoby, Guo Li, and Scott Rozelle. Hazards of expropriation: Tenure insecurity and investment in rural China [J]. Working paper, 2002: 2 -7.

[13] 林毅夫，蔡方，李周．中国的奇迹：发展战略与经济改革[M]. 上海三联书店，1994.

[14] 唐忠．农村土地制度比较研究 [M]. 北京：中国农业科技出版社，1999.

[15] 谢钊，乐德明．农地资源持续利用的制度分析与制度创新[J]. 农村经济，2006 (7): 24 -27.

[16] 于宗先，毛育刚，林卿等．两岸农地利用比较 [M]. 北京：社会科学文献出版社，2004.

[17] 韦鸿．农地利用的经济学分析 [M]. 北京：中国农业出版社，2008.

[18] 胡亦琴．农地产权制度创新与农业可持续发展 [J]. 北京师范大学学报（社会科学版），2008，6 (210): 130 -137.

[19] 闵桂林，祝爱武．农村经济可持续发展的产权障碍探微[J]. 求实，2008 (12): 92 -94.

[20] 苑莉．多层次的农地产权制度与土地可持续利用 [J]. 软科学，2010，24 (130): 141 -144.

[21] Lin, J. Y., Rural reforms and agricultural growth in China, [J]. *The American Economic Review*, 1992, Vol. 82: 34 -51.

[22] 姚洋．农地制度与农业绩效的实证研究 [J]. 中国农村观察，1998 (6).

[23] 廖洪乐，习银生，张照新，等．中国农村土地承包权制度研究 [M]. 北京：中国财政经济出版社，2003: 76 -91.

[24] 钟太洋，黄贤金，翟文侠，等．政策性地权安排对土地利用变化的影响研究——基于江西省丰城市退耕还林农户问卷调查的一个分析 [J]. 南京大学学报（自然科学），2005，41（4）：435 -444.

[25] 叶涛，史培军．从深圳经济特区透视中国土地政策改革对土地利用效率与经济效益的影响 [J]. 自然资源学报，2007，22（3）：434 -444.

[26] 郝家友．绩效定量考核指标的选择方法 [J]. 人类工效学，1999，5（2）：36 -38.

[27] 朱庆华．中国制造企业绿色供应链管理实践类型及绩效实证研究 [J]. 数理统计与管理，2006，25（4）：392 -399.

[28] 梅国平．基于复相关系数法的公司绩效评价实证研究 [J]. 管理世界，2004（1）：145 -148.

[29] 茆英娥．地方财政应用科技项目专项支出绩效评价指标体系探析 [J]. 财政研究，2006（7）：67 -70.

[30] 尹贻林，杜亚灵．基于治理的公共项目管理绩效的改善 [M]. 北京：科学出版社，2009.

[31] 黄少安．产权经济学导论 [M]. 北京：经济科学出版社，2004：14.

[32] 林毅夫．再论制度、技术与农业的发展 [M]. 北京大学出版社，2000.

[33] 尹德洪．马克思产权理论和现代西方产权理论比较 [J]. 石家庄经济学院学报，2006（12）：798 -800.

[34] 毕德宝．土地经济学 [M]. 北京：中国人民大学出版社，2007.

[35] 林卿．农地制度——农业可持续发展 [M]. 北京：中国环境科学出版社，2000：71.

[36] Landy F. J.，Farr J.，Performance rating [J]. *Psychological Bulletin*，1980（87）：72 -107.

[37] 陈捷．绩效评估研究的新进展 [J]. 南京师范大学学报（社科版），1997（3）：81 -85.

［38］朱庆华．中国制造企业绿色供应链管理实践类型及绩效实证研究［J］．数理统计与管理，2006，25（4）：392－399.

［39］陈士银，周飞，吴雪彪，等．湛江市农地利用绩效与农业产业结构调整［J］．经济地理，2009，2（29）：228－302.

［40］班茂盛，方创琳，刘晓丽，等．北京高新技术产业区土地利用绩效综合评价［J］．地理学报，2008，63（2）：175－184.

［41］潘竟虎，郑凤娟．甘肃省县域土地利用绩效的空间差异测度及其机理研究［J］．西北师范大学学报（自然科学版），2011，1（47）：87－92.

［42］藏波，杨庆媛，王成，等．城市建成区土地利用绩效评价——以重庆市为例［C］．//节约集约用地及城乡统筹发展——2009年海峡两岸土地学术研讨会论文集，2009.

［43］鲁春阳，文枫，杨庆媛，等．基于改进TOPSIS法的城市土地利用绩效评价及障碍因子诊断——以重庆市为例［J］．资源科学，2011（3）：1－9.

［44］周丹丹．城市土地利用绩效评价研究［D］．重庆大学硕士学位论文，2010.

［45］Smith C. S.，McDonald G. T.，Thwaites R. N.．TIM：Assessingthe sustainability of agricultural land management［J］．*Journal of Environmental Management*，2000（60）：267－288.

［46］Editorial. Landuse and sustainability indicators. An introduction［J］．*Land Use Policy*，2004（21）：193－198.

［47］傅伯杰，陈利顶，马诚．土地可持续利用评价的指标体系与方法［J］．自然资源学报，1997（2）：113－119.

［48］陈百明，张凤荣．中国土地可持续利用指标体系的理论与方法［J］．自然资源学报，2001（3）：197－203.

［49］蔡运龙，李军．土地利用可持续性的度量——一种显示过程的综合方法［J］．地理学报，2003（2）：305－313.

［50］厉伟，李银，但承龙，等．城市化进程中土地持续利用评价的实证研究［J］．资源科学，2005（2）：65－70.

[51] 张术环．产权、农地产权、农地产权制度 [J]．学术论坛，2005 (3)：134－139.

[52] [美] R. 科斯，[美] A. 阿尔钦，[美] D. 诺斯，等．财产权利与制度变迁 [M]．上海三联书店，1994：97，167，205.

[53] 钟秉盛．国农地产权制度对农业生态环境的影响分析 [J]．广东财经职业学院学报，2006，5 (6)：73－77.

[54] [美] 菲吕博腾，配杰威齐．产权与经济理论：近期文献的一个综述 [C]．//财产权利与制度变迁．上海三联书店，1991.

[55] 刘伟，平新乔．经济体制改革三论 [M]．北京大学出版社，1990.

[56] 张明龙．产权与所有权辨析 [J]．求实，1999 (6)：21－22.

[57] 王齐，王丽，卜盖．关于企业所有权与产权、经营权关系问题的研究综述 [J]．东岳论丛，1995 (2)：53.

[58] 刘凡，刘允斌．产权经济学 [M]．武汉：湖北人民出版社，2002.

[59] 经济大辞典·农业经济卷 [G]．上海辞书出版社、农业出版社，1983：103.

[60] 周诚．土地经济研究 [M]．北京：中国大地出版社，1996.

[61] 黄贤金．土地经济 [M]．北京：科学出版社，2009.

[62] 黄少安．产权理论与制度经济学 [M]．湘潭大学出版社，2008：65.

[63] 高鸿业．西方经济学 [M]．北京：中国人民大学出版社，2004：423.

[64] [美] R. 科斯，A. 阿尔钦，D. 斯诺，等．财产权利与制度变迁——产权学派与新制度学派译文集 [C]．上海人民出版社，2004：9.

[65] 卓思廉．社区物业管理 [M]．北京邮电大学出版社，2007.

[66] Tjalling C. Koopmans, and John Michael Montias. On the description and comparison of economic systems, in comparison of economic systems: Theoretical and methodological approaches [J]. Edited by Alexander Eckstein, University of California Press, 1971.

[67] 陈志刚．农地产权结构与农业绩效——对转型期中国的实证研究 [D]．南京农业大学，2005.

[68] 安世民，安运杰．组织行为学 [M]．北京大学出版社、中国林业出版社，2008：33－34.

[69] 作者不详．农户土地利用行为研究述评 [J]．http：//www.mlr.gov.cn/，2010－3－30.

[70] 江激宇，叶依广，周建春．农地可持续利用激励约束机制 [J]．中国土地科学，2003（10）：19－23.

[71] 张婷．产权制度与效率关系 [J]．商场现代化，2005（9）：161－162.

[72] 李明月．广州市土地利用效益评价 [J]．国土资源科技管理，2005（3）：36－47.

[73] 张青．基于“发展”导向的企业绩效评价研究 [J]．中国管理科学，2001（4）：58－64.

[74] 吴一洲，吴次芳，罗文斌，等．浙江省城市土地利用绩效的空间格局及其机理研究 [J]．中国土地科学，2009，10（10）：41－46.

[75] 李涛，胡学军．市场政策演变与土地绩效评价 [J]．审计与经济研究，2006，23（2）：80－83.

[76] 吴海燕，边伟校，李保海．杭州市城中村改造土地利用绩效分析 [J]．北方经济，2008（2）：50－51.

[77] 陈士银，周飞，杨小雄，等．区域土地利用绩效及可持续性评价 [J]．国土资源科技管理，2008，25（5）：1－5.

[78] 陈士银，周飞，吴雪彪．基于绩效模型的区域土地利用可持续性评价 [J]．农业工程学报，2009，6（6）：249－253.

[79] 周峰．苏锡常地区土地利用变化及其绩效分析 [J]．自然

资源学报，2006，21（3）：392－400.

［80］郑华东．京沪城市用地扩张的比较研究：规模、结构与绩效［J］．经济理论研究，2006（4）：22－25.

［81］刘慧．上海开展工业开发区土地利用绩效评估的意义［J］．上海地质，2008，105（1）：37－39.

［82］邹伟，刘敬．农业税费结构与农地利用绩效研究［J］．南京社会科学，2009（7）：80－85.

［83］程绍文，张毅．湖北省农地资源及其利用评级研究［J］．中国人口·资源与环境，2005，15（1）：98－103.

［84］朱琳．珠江三角洲农用地利用效益的空分异［D］．中山大学，2009.

［85］冯友兰．中国哲学简史［M］．北京大学出版社，2010.

［86］布罗代尔．资本主义的动力［M］．北京：生活、读书、新知三联书店，1997：102.

［87］邵传林，冯振东．中国农地产权60年：历史回顾与变迁评判［J］．经济与管理研究，2009（10）：22－28.

［88］綦好东．制度与发展——中国“三农”问题的经济学思考［M］．北京：经济科学出版社，2006：4－17.

［89］廖洪乐．中国农村土地制度六十年——回顾与展望［M］．北京：中国财政经济出版社，2008：55.

［90］“中国集体林产权制度改革主要政策问题研究”课题组，刘璨．农地产权制度文献回顾与评述［J］．林业经济，2010（11）：8－26.

［91］张红宇．中国农村的土地制度变迁［M］．北京：中国农业出版社，2002：41.

［92］林毅夫．制度、技术与中国农业的发展［M］．上海人民出版社，1992.

［93］王业龙．土地私有制在中国不可行［J］．中国土地报．1996（2）.

［94］王安春．1949年以来中国农地产权制度变迁及创新选

择——以江西省铅山县为例［D］．福建师范大学，2008：20－22.

［95］周其仁．产权与制度变迁：中国改革的经验研究［M］．北京：社会科学文献出版社，2002.

［96］侯翔文，李明秋．农地产权制度改革与农地资源的可持续利用［J］．中国集体经济（上），2011（4）：5－6.

［97］孔祥斌，李翠珍，张凤荣，等．基于农户土地利用目标差异的农用地利用变化机制研究［J］．中国农业大学学报，2010，15（4）：57－64.

［98］宋洪远．经济体制与农户行为——一个理论分析框架及其对中国农户问题的应用研究［J］．经济研究，1994（8）：22－35.

［99］杨钢桥，靳艳艳，杨俊．农地流转对不同类型农户农地投入行为的影响——基于江汉平原和太湖平原的实证分析［J］．中国土地科学，2010，4（9）：18－23.

［100］孙陶生．论我国农地保护的目标选择与实现途径［J］．平顶山师专学报，2003，18（2）：1－7.

［101］张改清，张建杰．农户农地流转行为及影响因素实证研究——以山西农村固定跟踪观察户为例［J］．农业经济与管理，2010（2）：37－46.

［102］熊云武．犯罪心理学［M］．北京大学出版社，2007.

［103］孔祥斌，张凤荣．中国农户土地利用阶段差异及其对粮食生产和生态的影响［J］．地理科学进展，2008，27（2）：112－120.

［104］Singh I.，Squire L.，Strauss J.，Eds. Agricultural Household Models：Extensions，Applications and Policy［M］．Johns Hopkins Univ. Press，Baltimore，1986.

［105］Just，R. E.，Pope，R. D.．Implications of hetero geneity for theory and practice in production economics［J］．*American Journal of Agricultural Economics*，1999（81）：711－718.

［106］Jansen，H. G. P.，Stoorvogel，J. J.．Quantification of aggregation bias in regional agriculturallandusemodels：application to Guacimo county，Costa Rica［J］．*Agricultural Systems*，1998，58（3）：

417 –439.

[107] Gómez-Limóna, J. A., Riesgo, L.. Irrigationwater pricing: Differential impacts on irrigated farms [J]. *Agricultural Economics*, 2004 (31): 47 –66.

[108] Riesgo, L., Gómez-Limón, J. A.. Multi-criteria policy scenario analysis for public regulation of irrigated agriculture [J]. *Agricultural Systems*, 2006, 91 (1): 1 –28.

[109] Sumpsi, J. M., Amador, F., Romero, C.. On farmers' objectives: A multi-criteria approach [J]. *European Journal of Operational Research*, 1997, 96 (1): 64 –71.

[110] 纪丽娟. 农地产权制度对农业土地资源配置效率的影响研究 [D]. 西北农林科技大学, 2005.

[111] 郝晋珉. 土地资源市场配置与政府调控 [J]. 百库文库.

[112] 韩学平. 农地承包经营权流转法律制度研究 [M]. 北京: 中国农业出版社, 2005: 33 –35.

[113] 马克思恩格斯全集: 第46卷 (上) [M]. 北京: 人民出版社, 1979.

[114] 周诚. 土地经济学 [M]. 北京: 中国农业出版社, 1989: 159.

[115] 迟福林. 把土地的使用权真正交给农民 [M]. 北京: 中国经济出版社, 2002: 2 –3.

[116] 俞志方. 关于我国农地使用权流转的内涵、价值及对策分析 [J]. 求实, 2010 (12): 107 –110.

[117] 恩格斯. 家庭、私有制和国家的起源 [M]. 北京: 人民出版社, 2003.

[118] 唐文金. 农户土地流转意愿与行为研究 [M]. 北京: 中国经济出版社, 2008: 1 –3.

[119] Mitchell Carter, Mitchell Ross. 土地制度与农业绩效: 对全球经验的反思 [C]. //中国农村土地问题国际研讨会论文集. 北京大学出版社, 1993: 170 –188.

[120] Beasley, Timothy. Property rights and investment incentives: Theory and evidence from Chana [J]. University of Chicago, 1995, 103 (5): 903 -937.

[121] 姚洋. 中国农村土地制度安排与农业绩效 [J]. 中国农村观察, 1998 (6): 1 -10.

[122] 黄少安, 刘明宇. 农地产权冲突、经济绩效与土地制度创新差异化原则 [J]. 财经问题研究, 2008 (4): 3 -11.

[123] Huang, Jikun and Scoot Rozelle. Technological Change: The Re-Discovery of the Engine of productivity Growth in China's Rural Economy [J]. *Journal of Develop Economics*, 1996 (149): 337 -369.

[124] Brandi Loren, Jikun Huang, Guo Li and Scott Rozelle. Land Rights in Rural China: Facts, Fictions and Issues [J]. *The China Journal*, 2002 (47): 67 -97.

[125] Carter Michael and Yao Yang. Property Rights, Rental Markets, and Land in China. Department of Agricultural and Applied Economics [J]. working paper, University if Wisconsin-Madison, 1998.

[126] 王景新. 用法律和制度保障农民土地使用权利 [J]. 开发研究, 2000 (2): 56 -59.

[127] 吴玲, 李翠霞. 农地稳定与农地调整——农地制度安排的悖论 [J]. 当代世界与社会主义 (双月刊), 2007 (2): 108 -111.

[128] Waters, A R.. Economic Growth and the Property Rights Regime [J]. *Cato Journal*, 1987 (7).

[129] 冀县卿, 钱忠好. 农地产权结构变迁与中国农业增长: 一个经济解释 [J]. 管理世界 (月刊), 2009 (1): 172 -173.

[130] [美] H. 德姆塞茨. 关于产权的理论 [C]. //R. 科斯等财产权利与制度变迁: 产权学派与新制度学派译文集. 刘守英等译. 上海三联书店、上海人民出版社, 1994: 97.

[131] 冀县卿. 改革开放后中国农地产权结构变迁与制度绩效: 理论与实证分析 [D]. 南京农业大学博士学位论文, 2010: 35 -37.

[132] Cheung, Steven N. S.. The structure of a contract and the

theory of a nonexclusive resource [J]. *Journal of Law and Economics*, 1970 (13).

[133] 刘守英. 中国农地制度的合约结构与产权残缺 [J]. 中国农村经济, 1993 (2): 33 -38.

[134] 蒋励. 农村土地制度的四次重大改革与启迪 [J]. 学术研究, 1994 (4): 55 -58.

[135] 王景新. 中国农村土地制度的实际变革 [M]. 北京: 中国经济出版社, 2001: 8 -9.

[136] 冀县卿, 钱忠好. 改革30年中国农地产权结构变迁: 产权视角的分析 [J]. 南京社会科学, 2010 (10): 73 -79.

[137] Cheung Steven N. S.. The structure of a contract and theory of a non exclusive resource [J]. *Journal of Law and Economies*, 1970, 13 (1): 49 -70.

[138] Yao Yang. The development of the land lease market in rural china [J]. *Land Economies*, 2000, 76 (2): 252 -266.

[139] McKean R. N.. Divergences between in dividual and total costs with in government [J]. *American Economic Review*, 1964, 54 (5): 243 -249.

[140] [美] 艾伦·施瓦茨. 法律契约理论与不完全契约 [M]. //科斯, 等. 契约经济学. 李风圣, 主译, 北京: 经济科学出版社, 2000: 96 -128.

[141] North Douglass C.. *Institutions Change and Economic Performance* [M]. Cambridge University Press, 1990.

[142] 刘守英. 产权, 行为与经济绩效 [J]. 经济社会体制比较, 1992 (2): 12 -18.

[143] Besley, Timothy. Property rights and investment incentives: Theory and evidence from Ghana [J]. University of Chicago103/5, 1995: 903 -937.

[144] Rozelle, S. Li, Guo. Village leaders and land-rights formation in China [J]. *American Economic Review*, 1998: 433 -438.

[145] 巴泽尔．产权的经济分析 [M]．上海三联书店、上海人民出版社，1997.

[146] D. North. Structure and change in economic history chapter 3 [J]. //A Neoclassical Theory of the State. W. W. Norton and Company，1981.

[147] 刘勇智．关于农村土地纠纷的调查与思考 [J]．河南国土资源，2003 (5)：19－22.

[148] 陈丹，陈柳钦．新时期农村土地纠纷的类型、根源及其治理 [J]．河北经贸大学学报，2011 (6)：71－78.

[149] 郭亮．农村土地纠纷类型及原因 [J]．重庆社会科学，2009 (11)：27－30.

[150] 白呈明．农村土地纠纷的社会基础及其治理思路 [J]．中国土地科学，2007 (6)：35－40.

[151] 张升友．当前农村土地纠纷产生的原因及对策 [J]．农业经济，2007 (11)：48－49.

[152] 娄阳．农村土地承包纠纷成因及对策 [J]．江苏农村经济，2009 (6)：61－62.

[153] 郝志中．当前农村土地纠纷及调处对策 [J]．地方财政研究，2008 (10)：23－24.

[154] 胡勇．农村土地纠纷及其化解研究 [D]．南京农业大学，2009：39.

[155] 王海燕，姚小远．绩效管理 [M]．北京：清华大学出版社，2012：86－106.

[156] 国土资源部地籍管理司，中国土地规划勘测院．全国重点地区城镇土地利用现状调查与潜力评价 [S]．中国大地出版社，2006：142－145.

[157] 梁湖清．生态城市土地可持续利用 [M]．广州：广东经济出版社，2003：56－57.

[158] 张晓卓．产地产权与农地可持续利用 [D]．南京农业大学，2006.

[159] 梁积汉. 论土地资源可持续利用的实现途径 [J]. 广西社会科学, 2003 (9): 58－60.

[160] 张东祥. 农地可持续利用机制 [J]. 江西财经大学学报, 2003 (5): 8－11.

[161] 孙国峰. 农地可持续利用的变量解释和实证分析 [J]. 湖南农业大学学报 (社会科学版), 2008 (2): 24－28.

[162] 赵俊义. 中国国土资源报网 http//: www. gtzyb. com, 2012－1－18.

[163] 宋敏, 陈廷贵, 刘丽军. 中国土地制度的经济学分析 [M]. 北京: 中国农业出版社, 2008: 33.

[164] 董红, 王有强. 加强农地制度建设, 实现农地可持续利用 [J]. 陕西农业科学, 2004 (6): 81－83.

[165] Barzel, Y.. *Economic Analysis of Property Rights* [M]. Cambridge: Cambridge University Press, 1997.

[166] 陈江龙, 曲福田, 陈会广, 等. 土地登记与土地可持续利用——以农地为例 [J]. 中国人口·资源与环境, 2003, 13 (5): 51－56.

[167] 李峰. 自然垄断中的规制与有效竞争 [D]. 复旦大学, 2005.

[168] 俞海, 黄季焜, Scott Rozelle, 等. 地权稳定性, 土地流转与农地资源持续利用 [J]. 经济研究, 2003 (9): 82－95.

[169] Garrett Hardin. The Tragedy of the Commons [J]. *Science*, 1968, 162 (3859): 1243－1248.

[170] 郭贯成, 吴群. 农地资源不同价值属性的产权结构设计实证 [J]. 中国人·资源与环境, 2010, 20 (4): 143－147.

[171] 郭贯成, 温修春, 吴群. 略论农用地价值功能及其价格构成 [M]. //国土资源部土地利用管理司, 等. 农用地分等定级估价理论·方法· 实践. 北京: 地质出版社, 2004: 256－261.

[172] 李存, 任大鹏. 农地发展权价值实现的制度安排 [J]. 西北农林科技大学学报 (社会科学版), 2012, 12 (1): 121－125.

[173] 王发明，孙鹤．中国农村产权制度分析 [J]．山东工商学院学报，2004，18 (2)：15 – 20.

[174] 曾令秋，胡建敏．新中国农地制度研究 [M]．北京：人民出版社，2011 (9)：89 – 97.

[175] 杨银平．日本概况：地域·交通·产业 [M]．大连理工大学出版社，2009：1 – 29.

[176] 汪先平．当代日本农村土地制度变迁及其启示 [J]．中国农村经济，2008 (10)：74 – 80.

[177] 关谷俊作著，金洪云译．日本农地制度 [M]．北京：生活·读书·新知三联书店，2004.

[178] 梁永郭．发达国家农地产权制度对我国的启示 [J]．生产力研究，2009 (17)：128 – 130.

[179] 李竹转．美国农地制度对我国农地制度改革的启示 [J]．生产力研究，2003 (2)：181 – 182.

[180] 伊沙贝拉·塔斯科克．美国农业转型：特征和政策 [J]．湖南商学院学报，2012 (1)：5 – 8.

[181] 相蒙，于毅．美国农地利用规划中农地发展权国家购买制度述评 [J]．世界农业，2012 (2)：33 – 37.

[182] 吕海峰，吕冬娟．看新加坡如何出让土地 [J]．中国土地，2009 (11)：48 – 50.

[183] 甘庆华．新加坡的都市农业 [J]．老区建设，2007 (9)：62 – 63.

[184] 叶南客，李芸．战略与目标——城市管理系统与操作新论 [M]．南京：东南大学出版社，2000.

[185] 曹霄琪．浅析土地违法行为原因及治理对策 [J]．职业时空，2008，4 (11)：4 – 5.

[186] 赵杭莉．我国城市化过程中土地违法问题研究 [J]．人文杂志，2012 (1)：184 – 188.

[187] 叶剑平，蒋妍，丰雷．中国农村土地流转市场的调查研究——基于2005年17省调查的分析和建议 [J]．中国农村观察，

2006 (4): 48 -55.

[188] 黄美均, 谈迎新. 关于土地征收若干问题的探讨 [J]. 安徽农业科学, 2011, 39 (27): 16697 -16699.

[189] 赵阳. 中国农地产权制度的经济学分析 [M]. 上海: 生活·读书·新知三联书店, 2007: 37.

[190] 麻昌华, 汪安亚. 当前农村土地流转制度中存在的问题及其成因分析 [J]. 湖北民族学院学报 (哲学社会科学版), 2008 (4): 112 -117.

[191] 王跃生. 家庭责任制、农户行为与农业中的环境生态问题 [J]. 北京大学学报, 1999 (3): 44 -50.

[192] [美] 约瑟夫·E. 斯蒂格利茨. 社会主义向何处去——经济体制转型的理论与证据 (中译本) [D]. 长春: 吉林人民出版社, 1998: 226.

[193] Shou ying liu, Michael R.. Carter, YangYao Dimensions and diversity of property rights in rural china: Dilemmas on the road to further reform world development [Z]. policy research working paper, 1998, 26 (10): 1789 -1860.

[194] 康静萍. 明晰土地产权与实现可持续发展 [J]. 学习与探索, 2008, 6 (179): 155 -158.

[195] 王静, 郝晋珉, 李涛. 浅析农地利用社会效益的监测与评价指标体系 [J]. 农村经济, 2005 (2): 30 -33.

[196] 黄韬. 中国农地集体产权制度研究 [M]. 四川: 西南财经大学出版社, 2010.

[197] Milton Friedman. *Price Theory* [M]. Aldine Publishing Company, Chicago. Chapter 1, 1962.

[198] 国家统计局国民经济综合统计司. 新中国六十年统计资料汇编 [G]. 北京: 中国统计出版社, 2010.

[199] 中华人民共和国农业部. 新中国农业 60 年统计资料 [G]. 北京: 中国农业出版社, 2009.

[200] Yi chun Xie, Yu Mei, Tian Guang-jin, et al. Socio-economic

driving forces of arable land conversion: A case study of Wu Xian city [J]. *China. Global Environmental Change*, 2005 (15): 238 -252.

[201] Miles J, Shevlin M. . Applying Regression and Correlation: A Guide for Students and Researchers [M]. London: Sage Publications, 2000.

[202] 陕西省统计局. 陕西六十年 (1949 -2009) [Z]. 北京: 中国统计出版社, 2009.

[203] 汪军民. 中国农地制度的绩效研究——基于农地所有权制度与农地使用权制度的比较 [D]. 重庆大学, 2007.

后　记

墨菲定律认为“工作远比想象得更复杂；花费的时间远比预计的更长，要做的工作远比想象的多得多……”本书的写作过程便是如此。从研究选题至今，对这一论题的研究几乎成了我生活的主线。这期间，有遇到难题时的焦灼，有解决问题后的轻松愉悦，个中滋味，回头再看已成为一些难得的收获。对某一论题的研究，一定有一个坚实的团队，本著作的完成离不开恩师、同仁及家人的支持与帮助。

在此，我首先要感谢我的恩师常云昆教授，感谢他对我学业上悉心的帮助。著作从选题、资料的搜集、开题、研究框架的构建、初稿直至定稿，无不凝聚着导师的心血与智慧。在这里，我要向老师深深地鞠一躬：“谢谢您，谢谢您带我在科学研究的殿堂里又迈进一步。”

感谢相关部门的经费支持及课题组成员的合作与帮助。也感谢陕西省国土资源厅、陕西省农业厅及陕西省统计局等相关管理部门对本研究调研的配合与帮助，特别是为课题研究供了很多宝贵的数据资料，在此一并表示感谢。另外，还要感谢西北大学、西北政法大学、西北农林科技大学资料室及陕西省图书馆对研究资料收集所提供的方便；感谢我的学生及参与过我们调研的农户与相关专家对课题调研工作的支持。.

我学习生活上的每一个进步与成绩都离不开家人的关心与支持，感谢家人对我的理解与支持，特别是我的父母、丈夫与女儿，他们给予了我他们所能给予的最大理解与支持，谢谢你们！最后，我要对所有帮助过我的人，甚至有些都没有提到的人再一次表达我的谢意，没有你们的帮助与支持，就不会有我研究工作的顺利进行，不会有著作的顺利完稿，谢谢你们！

赵杭莉

2018 年 3 月